云南省矿业协会《矿业权法律实务》编写组

主　编：董通生（云南省矿业协会秘书长、云南当代律师事务所律师）
副主编：王建昆（云南原泉律师事务所律师）
成　员：程　华（云南当代律师事务所律师）
王书华（云南鑫金桥律师事务所律师）
黄和平（云南鑫金桥律师事务所律师）
安岳军（云南华纬律师事务所律师）
潘江东（云南省矿业协会秘书处文员）

矿业权法律实务

云南省矿业协会《矿业权法律实务》编写组　编著

云南大学出版社

序　一

在世纪之交，有两件大事对中国矿业产生了深远影响：一件是我国正式加入世界贸易组织（WTO），另一件是探矿权采矿权有偿取得与依法转让法律制度正式施行。我国加入WTO以后，以一个开放的市场经济国家的身份参与世界经济交流。探矿权采矿权有偿取得与依法转让则是在法律制度层面上，建立了既适合中国国情，又接近国际惯例的矿产资源管理制度，为我国矿业经济的发展和融入世界经济提供了法律保障。

云南省矿产资源丰富，矿产种类齐全，素有“有色金属王国”的美称。近十年来，在前述两件大事的影响下，矿业经济有了长足发展，成为我省重要的工业支柱。但是，在现实经济社会中，有的矿业投资人不知道如何办理探矿权、采矿权的登记手续，不清楚进行矿业权交易的条件和程序；有的矿业权人依法取得的探矿权、采矿权受到侵害后，不知道如何保护自己的合法权益；有的地方和部门在依法保护矿产资源，规范探矿权人、采矿权人的行为，维护矿业权人合法权益，保护正常的矿业权交易秩序等方面尚存在不足，等等。解决这一系列的问题，需要法规、政策的指导。

云南省矿业协会组织编写的《矿业权法律实务》，这本《矿业权法律实务》贵在“实务”，是一本实用性较强的矿产资源法律知识手册。在一定程度上可以为我们解决上述问题提供帮助。书中的矿业权法律知识问答部分，以一问一答的方式，解答了矿产资源法律方面的有关问题；案例评析主要针对涉及矿业开发的民事、行政、刑事案件进行展开，能帮助读者从个案中学习矿产资源法规以及民法、刑法的相关知识；而法律法规的汇集，则方便读者在依法勘查、开发、维权时查询与核对。

相信《矿业权法律实务》的出版，必将为从事矿业活动的各类人士和矿业行政管理人员提供一份有价值的参考素材，并且，对我省建立良好的矿业开发秩序、做强矿业支柱产业具有积极意义。

2008年9月8日

序　二

矿产资源是人类赖以生存的重要自然资源。在保障可持续发展的前提下，合理开发和利用宝贵的矿产资源已经成为世界各国的共识。

基于保护和利用我国的矿产资源，我国政府制定了一整套的法律法规。它们的实施对于节约资源、保护环境，落实以人为本的国策提供了制度保证，但是相关法律法规的宣传、贯彻和执行工作尚需进一步加强。由云南省矿业协会自筹资金，协会秘书长组织相关法律人士并亲自参与编写的《矿业权法律实务》一书，正是为此进行的一项极为有益的工作。

纵览全书我认为本书具有如下特点：

第一，本书具有相当的实用性和工具性。该书由矿业权法律知识问答、案例评析、矿业权法律文件选编三部分组成。法律知识问答部分通过一问一答的方式为读者提供了有关矿业权最核心的法律知识，一旦遇到相应的法律问题可以便利地从这些问答中找到最佳的答案。此外，编著者还精心地选择了几个实践中的疑难案件，通过细致分析案情，运用法律推理原则，帮助读者理解如何较好地适用法律。最后，编著者为方便读者查阅最重要的矿业权法律精心挑选了我国现行矿业法律文件选编作为本书的第三部分。

第二，本书删繁就简、简明扼要，一卷在手便可通览我国现行矿业法的概貌。矿业权法律制度涉及诸多方面的法律问题，如果逐一介绍可能会使本书的篇幅厚重，重点不突出。但本书的可贵之处正在于精选最重要的问题进行编写，问题突出、观点鲜明、分析透彻。精选的六个案件分别从民事法律、行政法律和刑事法律关系的角度切入，就案件中涉及的相关问题逐一进行剖析，具有举一反三的示范作用。矿业权法律文件选编部分同样遵循删繁就简、注重实务的原则，使读者可以一卷在手，疑团尽释。

第三，本书文字通达、结构安排合理，具有相当的可读性。虽然，法律语言和文字是较为严肃和精确的，法律论著通常也较难做到准确性和可读性的兼容，但是本书的编著者却在准确性和可读性的兼容方面作出了有益的探索和努力，使得本书具有可读性。事实上，正是本书编著者在语言文字方面下了功夫，并合理地安排了结构，从而保证了本书的质量，给予读者强烈的阅读欲望。

第四，编著者良好的学养和丰富的实践经验是本书质量的重要保证。本书是由云南省矿业协会策划，由协会秘书长董通生牵头并对全书进行了数次通校，阵容强大的编写组汇集了理论和实务方面的人才，经过充分准备，参编人员精心撰写，集体讨论、修改、创作的结晶。因此，本书对于业界人士而言应会成为案头必备的重要的有质量保证的参考书。

尽管我知道本书还有其他的一些优点，同时也可能存在一些需要补充的地方，但我认为这是一本优秀的矿业权法律实用读物。

是为序。

陈云东

2008年9月5日

目　录

第二部分　案例评析

第三部分　矿业权法律文件选编

第一部分　矿业权法律知识问答

本部分内容根据近几年矿业权人士到矿协咨询的问题，归纳出 174 个问答题。其中，第 1 至 40 问，主要解答了矿业权管理方面的问题；第 41 至第 72 问，主要解答了关于矿业权市场方面的问题；第 73 至第 120 问，主要解答了矿业权登记方面的问题；第 121 至第 155 问，主要解答了矿产资源勘查开采方面的问题；第 156 至第 174 问，主要解答了法律责任方面的问题。

矿业权法律知识问答

1. **什么是矿产资源？**

答：矿产资源是指由地质作用形成的，具有利用价值的，呈固态、液态、气态的自然资源。

根据《中华人民共和国矿产资源法实施细则》，我国矿产资源分为四类168种：

（1）能源矿产，包括：煤、石油、天然气等11种。

（2）金属矿产，包括：铁、铜、锡、铅、锌等59种。

（3）非金属矿产，包括：石墨、石棉、碘等92种。

（4）水气矿产，包括：地下水、矿泉水、二氧化碳气等6种。

新发现的矿种由国务院地质矿产主管部门报国务院批准后公布。

2. **矿产资源的所有权属于谁？**

答：矿产资源属于国家所有是一项宪法原则，《中华人民共和国宪法》第九条规定："矿藏、水流、森林、山岭、草原、荒地、滩涂等自然资源，都属于国家所有，即全民所有。"《中华人民共和国矿产资源法》第三条规定："矿产资源属于国家所有，由国务院行使国家对矿产资源的所有权。地表或者地下的矿产资源的国家所有权，不因其所依附的土地的所有权或者使用权的不同而改变。"

矿产资源法在宪法规定的矿藏属于国家所有的基础上，进一步明确了国务院行使国家对矿产资源的所有权，并规定了地表或者地下的矿产资源的国家所有权，不因其所依附的土地的所有权或者使用权的不同而改变，界定了矿产资源所有权与土地所有权的关系。

3. 矿产资源由哪个部门管理?

答:《中华人民共和国矿产资源法》第十一条规定:“国务院地质矿产主管部门主管全国矿产资源勘查、开采的监督管理工作。国务院有关主管部门协助国务院地质矿产主管部门进行矿产资源勘查、开采的监督管理工作。省、自治区、直辖市人民政府地质矿产主管部门主管本行政区域内矿产资源勘查、开采的监督管理工作。省、自治区、直辖市人民政府有关主管部门协助同级地质矿产主管部门进行矿产资源勘查、开采的监督管理工作。”

政府机构改革之后，各级人民政府的地质矿产主管部门的职能已全部划归国土资源主管部门。因此，矿产资源管理的职能由各级人民政府国土资源主管部门行使。

4. 什么是矿业权?

答：矿业权是我国法律在矿产资源国家所有权基础上设定的，赋予公民、法人勘查或者开采矿产资源的权利。矿业权分为探矿权、采矿权。

探矿权，是指在依法取得的勘查许可证规定的范围内，勘查矿产资源的权利。

采矿权，是指在依法取得的采矿许可证规定的范围内，开采矿产资源和获得所开采的矿产品的权利。

5. 我国调整矿业权法律关系的法律主要有哪些?

答：我国法律体系中，调整矿业权法律关系的主要有《中华人民共和国民法通则》、《中华人民共和国矿产资源法》、《中华人民共和国物权法》等法律。

《中华人民共和国民法通则》由第六届全国人民代表大会第

四次会议于1986年4月12日通过，自1987年1月1日起施行。其第八十一条第二款规定“国家所有的矿藏，可以依法由全民所有制单位和集体所有制单位开采，也可以依法由公民采挖。国家保护合法的采矿权。”首次以法律的形式确认了采矿权的财产权性质。

《中华人民共和国矿产资源法》由第六届全国人民代表大会常务委员会第十五次会议于1986年3月19日通过，1986年10月1日生效；并于1996年8月29日第八届全国人民代表大会常务委员会第二十一次会议对其进行了修正。修正后的矿产资源法在民法通则确认的采矿权为财产权的基础上，确立了探矿权、采矿权有偿取得制度和依法转让制度。

《中华人民共和国物权法》由第十届全国人民代表大会第五次会议于2007年3月16日通过，自2007年10月1日起施行。其在规定了国家实行自然资源有偿使用制度的同时，将探矿权、采矿权列为用益物权给予保护。

6. 勘查许可证、采矿许可证规定的范围包括哪些内容？

答：勘查许可证规定的范围主要指：开展矿产勘查的空间位置（即勘查区块）、勘查期限，以及勘查矿种。

采矿许可证规定的范围主要指：开采矿产资源的空间位置（即矿区范围）、允许开采期限，以及开采矿种。

7. 我国矿产资源管理的基本制度是什么？

答：我国矿产资源管理的基本制度是矿产资源有偿使用制度和探矿权、采矿权有偿取得制度。

8. 国家对矿产资源勘查、开采的基本方针是什么？

答：《中华人民共和国矿产资源法》第七条对矿产资源勘查、开采的基本方针作了明确规定，即国家对矿产资源的勘查、开采实行统一规划、合理布局、综合勘查、合理开采和综合利用的方针。

9. 矿产资源有偿使用制度主要包括哪些内容？

答：矿产资源有偿使用制度主要包括采矿权人应当向国家缴纳矿产资源补偿费、资源税，以及矿产资源有偿使用费等税费。

10. 探矿权、采矿权有偿取得制度主要包括哪些规定？

答：探矿权、采矿权有偿取得制度主要包括以下规定：

（1）探矿权申请人、采矿权申请人在申请取得探矿权、采矿权时，应当向国家缴纳探矿权使用费、采矿权使用费；

（2）如果所申请的勘查区块、矿区范围内有国家出资勘查探明的矿产地，则还应当向国家缴纳探矿权价款、采矿权价款。

11. 什么是矿产资源补偿费？

答：矿产资源补偿费是国家根据《中华人民共和国矿产资源法》的规定，向采矿权人征收的费用。矿产资源补偿费纳入国家预算，实行专项管理，主要用于矿产资源勘查。

12. 矿产资源补偿费由哪个机关征收？谁是缴费义务人？

答：矿产资源补偿费由国土资源主管部门会同财政部门征收。

矿区在县级行政区域内的，矿产资源补偿费由矿区所在地的县级国土资源主管部门负责征收。

矿区范围跨县级以上行政区域的，矿产资源补偿费由所涉及行政区域的共同上一级国土资源主管部门负责征收。

矿区范围跨省级行政区域和在中华人民共和国领海与其他管辖海域的，矿产资源补偿费由国务院国土资源主管部门授权的省级人民政府国土资源主管部门负责征收。

采矿权人是矿产资源补偿费的缴费义务人。

13. 矿产资源补偿费的计费标准是什么？

答：按照国务院《矿产资源补偿费征收管理规定》（国务院

令第150号），矿产资源补偿费按照矿产品销售收入的一定比例计征。其计算公式为：

征收矿产资源补偿费金额＝矿产品销售收入×补偿费费率×开采回采率系数

上式中的开采回采率系数＝核定开采回采率÷实际开采回采率

核定开采回采率，以按照国家有关规定经批准的矿山设计为准；按照国家有关规定，只要求有开采方案，不要求有矿山设计的矿山企业，其开采回采率由县级以上国土资源主管部门会同同级有关部门核定。

上式中的补偿费费率矿产资源补偿费执行《矿产资源补偿费征收管理规定》附录所规定的费率。矿产资源补偿费费率需要调整的，由国务院财政部门、国务院国土资源主管部门、国务院计划主管部门共同确定，报国务院批准施行。

不能按照上述方式计算矿产资源补偿费的矿种，由国务院国土资源主管部门会同国务院财政部门另行制定计算方式。

14. 在什么情形下，采矿权人可以申请免缴矿产资源补偿费？

答：根据国务院《矿产资源补偿费征收管理规定》第十二条的规定，采矿权人有下列情形之一的，经省级人民政府地质矿产主管部门①会同同级财政部门批准，可以免缴矿产资源补偿费：

（一）从废石（矸石）中回收矿产品的；

（二）按照国家有关规定经批准开采已关闭矿山的非保安残留矿体的；

（三）国务院国土资源主管部门会同国务院财政部门认定免缴的其他情形。

---

① 1998年国务院机构改革之后，原地质矿产主管部门的行政职能已划归国土资源主管部门，为叙述方便，本书凡涉及地质矿产主管部门的职能，均改为国土资源主管部门。

15. 在什么情形下，采矿权人可以申请减缴矿产资源补偿费？

答：根据国务院《矿产资源补偿费征收管理规定》第十三条的规定，采矿权人有下列情况之一的，经省级人民政府地质矿产主管部门会同同级财政部门批准，可以减缴矿产资源补偿费：

（一）从尾矿中回收矿产品的；

（二）开采未达到工业品位或者未计算储量的低品位矿产资源的；

（三）依法开采水体下、建筑物下、交通要道下的矿产资源的；

（四）由于执行国家定价而形成政策性亏损的；

（五）国务院国土资源主管部门会同国务院财政部门认定减缴的其他情形。

采矿权人减缴的矿产资源补偿费超过应当缴纳的矿产资源补偿费50%的，须经省级人民政府批准。批准减缴矿产资源补偿费的，应当报国务院国土资源主管部门和国务院财政部门备案。

16. 什么是资源税？

答：资源税是国家依据其国家主权规定的，针对采矿行为征收的税种。

17. 资源税由哪个机关征收？谁是纳税义务人？

答：资源税由地方税务机关征收。在我国境内开采矿产品或者生产盐的单位和个人，为资源税的纳税义务人（简称纳税人）。

18. 资源税的应纳税额怎么计算？

答：资源税的应纳税额，按照应税产品的课税数量和规定的单位税额计算。应纳税额的计算公式为：

应纳税额＝课税数量×单位税额

上式中资源税的课税数量分两种情形确定：纳税人开采或者生产应税产品销售的，以销售数量为课税数量；纳税人开采或者生产应税产品自用的，以自用数量为课税数量。

上式中的单位税额按国务院1993年12月25日通过的《中华人民共和国资源税暂行条例》所附的《资源税税目税额幅度表》及财政部的有关规定执行。

税目、税额幅度的调整，由国务院决定。

19. 在什么情形下，可以减征或者免征资源税？

答：根据《中华人民共和国资源税暂行条例》第七条的规定，有下列情形之一的，减征或者免征资源税：

（一）开采原油过程中用于加热、修井的原油，免税；

（二）纳税人开采或者生产应税产品过程中，因意外事故或者自然灾害等原因遭受重大损失的，由省、自治区、直辖市人民政府酌情决定减税或者免税；

（三）国务院规定的其他减税、免税项目。

20. 什么是矿产资源有偿使用费？

答：矿产资源有偿使用费是省级地方政府设立的费种，目前，仅有云南等个别省份收取。

21. 矿产资源有偿使用费由哪个机关征收？谁是缴费义务人？

答：按照《云南省矿产资源有偿使用费征收和使用管理暂行办法》，矿产资源有偿使用费由县级国土资源主管部门征收，采矿权人是缴费义务人。

22. 矿产资源有偿使用费的计费标准是什么？

答：按照《云南省矿产资源有偿使用费征收和使用管理暂行办法》的规定，矿产资源有偿使用费应缴额按下列公式计算：

矿产资源有偿使用费应缴额＝采矿权矿区范围内占有资源储

量×单位储量使用费费率

上式中，采矿权矿区范围内占有资源储量以2006年6月30日占有的资源储量为准，单位储量使用费费率执行《云南省矿产资源有偿使用费征收和使用管理暂行办法》附表规定的标准。

23. 在什么情形下，可以减缴矿产资源有偿使用费？

答：根据《云南省矿产资源有偿使用费征收和使用管理暂行办法》第十二条的规定，有下列情形之一的，可以减缴矿产资源有偿使用费：

（一）采用先进技术开采低品位、难开采、难选冶的矿产资源的；

（二）对尾矿或废石（矸石）进行二次开发利用的；

（三）省国土资源行政主管部门会同省财政部门认定的其他情形。

24. 什么是探矿权使用费、采矿权使用费？

答：探矿权使用费、采矿权使用费是国家依照矿产资源法的规定，向探矿权人、采矿权人征收的费用。

25. 探矿权使用费、采矿权使用费由哪个机关征收？谁是缴费义务人？

答：探矿权使用费、采矿权使用费由探矿权、采矿权登记管理机关征收。

探矿权人、采矿权人是探矿权使用费、采矿权使用费的缴费义务人。

26. 探矿权使用费的计费标准是什么？

答：根据国务院240号令《矿产资源勘查区块登记管理办法》，探矿权使用费以勘查年度计算，逐年缴纳。第一个勘查年度至第三个勘查年度，每平方公里每年缴纳100元；从第四个勘查年度起，每平方公里每年增加100元，但最高不得超过每平方公里每年 500 元。

27. 采矿权使用费的计费标准是什么？

答：根据国务院 241 号令《矿产资源开采登记管理办法》，采矿权使用费按照矿区范围的面积逐年缴纳，标准为每平方公里每年1 000元。

28. 什么是国家出资勘查探明的矿产地？

答：国家出资勘查探明的矿产地包含了“国家出资”与“探明矿产地”两个概念。国土资源部办公厅《关于清理国家出资勘查已探明矿产地的通知》（国土资源部国土资厅发［2000］32 号）对这两个概念作出了明确界定：

国家出资：是指中央财政和地方财政以地质勘探费、矿产资源补偿费、矿业权使用费和价款收入以及各种基金等安排用于矿产资源勘查、开发的拨款（以往其他经济类型的勘查投入且目前矿业权已经灭失的，也视同国家出资处理）。

探明矿产地：是指经地质勘查工作发现的具有工业价值或是有进一步工作价值的地段。主要要求：

（1）对矿体分布和埋藏情况有一定的地质调查和必要的工程揭露、控制；

（2）对矿石质量有正规取样化验资料，矿石品位、矿体厚度等指标符合现行矿产工业要求；

（3）矿产地的资源量或储量规模除岩金为 1 吨、砂金为 0. 5 吨以上外，其他矿种要达到现行《矿床工业要求参考手册》小型规模上限的二分之一的标准；

（4）资源量或储量地质控制程度为推断的——预测的资源量及以上。

29. 什么是探矿权价款、采矿权价款？

答：探矿权价款、采矿权价款是指探矿权申请人、采矿权申请人向登记管理机关申请取得国家出资勘查探明的矿产地的探矿权、采矿权时，向国家缴纳的款项。

探矿权价款、采矿权价款的实质是国家勘查投资的收益。

在实施探矿权、采矿权有偿取得制度前，已经取得国家出资勘查探明的矿产地的探矿权、采矿权的矿业权人，在向他人转让矿业权时，或者向登记管理机关申请探矿权、采矿权延续登记时，应补交探矿权价款、采矿权价款。

30. 探矿权价款、采矿权价款由哪个机关征收？谁是缴费义务人？

答：探矿权价款、采矿权价款由探矿权、采矿权登记管理机关收取，全部纳入国家预算管理。

取得国家出资勘查探明的矿产地的探矿权人、采矿权人为探矿权价款、采矿权价款缴费义务人。

31. 探矿权价款、采矿权价款的数额如何确定？

答：按照《矿产资源勘查区块登记管理办法》、《矿产资源开采登记管理办法》，探矿权价款、采矿权价款由国务院国土资源主管部门会同国务院国有资产管理部门认定的评估机构进行评估；评估结果由国务院国土资源主管部门确认。

根据国务院减少行政审批事项的决定，探矿权价款、采矿权价款已由确认制改为备案制，即国土资源主管部门只对探矿权价款、采矿权价款的评估结果进行备案，不再进行确认。

32. 什么情形下，探矿权人可以申请减免探矿权使用费和探矿权价款？

答：根据《矿产资源勘查区块登记管理办法》第十五条的规定，有下列情形之一的，由探矿权人提出申请，经登记管理机关按照国务院国土资源主管部门会同国务院财政部门制定的探矿权使用费和探矿权价款的减免办法审查批准，可以减缴、免缴探矿权使用费和探矿权价款：

（一）国家鼓励勘查的矿种；

（二）国家鼓励勘查的区域；

（三）国务院国土资源主管部门会同国务院财政部门规定的其他情形。

33. 什么情形下，采矿权人可以申请减免采矿权使用费和采矿权价款？

答：根据《矿产资源开采登记管理办法》第十二条的规定，有下列情形之一的，由采矿权人提出申请，经省级以上人民政府登记管理机关按照国务院国土资源主管部门会同国务院财政部门制定的采矿权使用费和采矿权价款的减免办法审查批准，可以减缴、免缴采矿权使用费和采矿权价款：

（一）开采边远贫困地区的矿产资源的；

（二）开采国家紧缺的矿种的；

（三）因自然灾害等不可抗力的原因，造成矿山企业严重亏损或者停产的；

（四）国务院国土资源主管部门和国务院财政部门规定的其他情形。

34. 什么是探矿权人？探矿权人有哪些权利和义务？

答：取得勘查许可证的单位或者个人称为探矿权人。

（1）探矿权人享有以下权利：

①按照勘查许可证规定的区域、期限、工作对象进行勘查；

②在勘查作业区及相邻区域架设供电、供水、通讯管线，但是不得影响或者损害原有的供电、供水设施和通讯管线；

③在勘查作业区及相邻区域通行；

④根据工程需要临时使用土地；

⑤优先取得勘查作业区内新发现矿种的探矿权；

⑥优先取得勘查作业区内矿产资源的采矿权；

⑦自行销售勘查中按照批准的工程设计施工回收的矿产品，但是国务院规定由指定单位统一收购的矿产品除外；

⑧依法转让探矿权。

探矿权人行使前款所列权利时，有关法律、法规规定应当经过批准或者履行其他手续的，应当遵守有关法律、法规的规定。

（2）探矿权人应当履行以下义务：

①在规定的期限内开始施工：探矿权人应当自领取勘查许可证之日起6个月内开始施工，在开始勘查工作时，应当向勘查项目所在地的县级人民政府负责地质矿产管理工作的部门报告，并向登记管理机关报告开工情况；

②向勘查登记管理机关报告开工等情况；

③完成最低勘查投入，按照探矿工程设计施工，不得擅自进行采矿活动；

④在查明主要矿种的同时，对共生、伴生矿产资源进行综合勘查、综合评价；

⑤编写矿产资源勘查报告，提交有关部门审批；

⑥按照国务院有关规定汇交矿产资源勘查成果档案资料；

⑦遵守有关法律、法规关于劳动安全、土地复垦和环境保护的规定；

⑧勘查作业完毕，及时封、填探矿作业遗留的井、硐或者采取其他措施，消除安全隐患。

35. 探矿权人应当完成的最低勘查投入是什么？

答：根据《矿产资源勘查区块登记管理办法》第十七条规定，探矿权人应当自领取勘查许可证之日起，按照下列规定完成最低勘查投入：

（一）第一个勘查年度，每平方公里2 000元；

（二）第二个勘查年度，每平方公里5 000元；

（三）从第三个勘查年度起，每个勘查年度每平方公里10 000元。

探矿权人当年度的勘查投入高于最低勘查投入标准的，高于的部分可以计入下一个勘查年度的勘查投入。

因自然灾害等不可抗力的原因，致使勘查工作不能正常进行的，探矿权人应当自恢复正常勘查工作之日起30日内，向登记管理机关提交申请核减相应的最低勘查投入的报告；登记管理机关应当自收到报告之日起30日内予以批复。

36. 什么是采矿权人？采矿权人有哪些权利和义务？

答：取得采矿许可证的单位或者个人称为采矿权人。

（1）采矿权人享有以下权利：

①按照采矿许可证规定的开采范围和期限从事开采活动；

②自行销售矿产品，但是国务院规定由指定的单位统一收购的矿产品除外；

③在矿区范围内建设采矿所需的生产和生活设施；

④根据生产建设的需要依法取得土地使用权；

⑤依法转让采矿权；

⑥法律、法规规定的其他权利。

采矿权人行使前款所列权利时，法律、法规规定应当经过批准或者履行其他手续的，依照有关法律、法规的规定办理。

（2）采矿权人应当履行以下义务：

①在批准的期限内进行矿山建设或者开采；

②有效保护、合理开采、综合利用矿产资源；

③依法缴纳资源税和矿产资源补偿费；

④遵守国家有关劳动安全、水土保持、土地复垦和环境保护的法律、法规；

⑤接受地质矿产主管部门和有关主管部门的监督管理，按照规定填报矿产储量表和矿产资源开发利用情况统计报告。

37. 什么是矿山地质环境恢复治理保证金？

答：矿山地质环境恢复治理保证金是国土资源主管部门向采矿权人收取的，旨在保证采矿权人在采矿过程中以及矿山停办、关闭或闭坑时，切实履行矿山地质环境保护与恢复治理义务的资金；是地方政府为了加强矿山地质环境保护，有效防治矿山地质灾害，促进经济社会可持续发展而采取的一项行政措施。

矿山地质环境恢复治理保证金属押金性质，采矿权人履行了矿山地质环境保护与恢复治理义务，经国土资源主管部门验收合格的，国土资源行政主管部门向采矿权人返还保证金本息。

38. 矿山地质环境恢复治理保证金的收取标准是什么？

答：根据《云南省矿山地质环境恢复治理保证金管理暂行办法》，矿山地质环境恢复治理保证金收取数额按下列公式计算：

保证金数额＝单位面积交存标准×登记面积×有效年数×影响系数

有效年数指新颁发采矿许可证的许可年限，或者已颁发采矿许可证的许可剩余年限。年限不足一年的按一年计算。保证金收取标准及影响系数按《云南省矿山地质环境恢复治理保证金管理暂行办法》附表执行。

39. 探矿权人之间对勘查范围发生争议时，如何处理？

答：根据《中华人民共和国矿产资源法实施细则》第二十三条，探矿权人之间对勘查范围发生争议时，由当事人协商解决；协商不成的，由勘查作业区所在地的省、自治区、直辖市人民政府国土资源主管部门裁决；跨省、自治区、直辖市的勘查范围争议，当事人协商不成的，由有关省、自治区、直辖市人民政府协商解决；协商不成的，由国务院国土资源主管部门裁决。特定矿种的勘查范围争议，当事人协商不成的，由国务院授权的有关主管部门裁决。

40. 采矿权人之间对矿区范围发生争议时，如何处理？

答：根据《中华人民共和国矿产资源法实施细则》的规定，采矿权人之间对矿区范围发生争议时，由当事人协商解决；协商不成的，由矿产资源所在地的县级以上地方人民政府根据依法核定的矿区范围处理；跨省、自治区、直辖市的矿区范围争议，当事人协商不成的，由有关省、自治区、直辖市人民政府协商解决；协商不成的，由国务院国土资源主管部门提出处理意见，报国务院决定。

41. 什么是矿业权市场？

答：矿业权市场有广义的矿业权市场与狭义的矿业权市场之分。广义的矿业权市场是指因矿业权流转、交易所产生的经济关系和行为的总和。狭义的矿业权市场指进行矿业权交易的机构。

全国多数省份已建立了进行矿业权交易的场所。云南省人民政府于2006年7月印发的《云南省矿业权交易管理暂行办法》规定：矿业权交易活动，应当在依法设立的矿业权交易机构中进行，并赋予矿业权交易机构对矿业权转让行为进行鉴证的职能。

按矿业权所有者的身份不同，矿业权市场可以分为一级市场（出让）和二级市场（转让）。

矿业权出让是指各级国土资源主管部门经批准申请、招标、拍卖等方式向矿业权申请人、中标人、竞得人等授予矿业权的行为。国土资源主管部门向申请人、中标人、竞得人等出让矿业权即构成矿业权一级市场。

矿业权转让是指矿业权人将矿业权转移的行为，包括出售、作价出资、合作、重组改制等方式。矿业权在一般民事主体之间转移构成矿业权二级市场。

按交易标的不同，矿业权市场可以分为矿业权实体市场和矿业权中介市场。交易标的为矿业权的称矿业权实体市场，交易标的为与矿业权交易各方提供评估、鉴定、评审等服务的，称矿业权中介市场。

42. 矿业权市场的主体和客体各包括哪些方面？

答：矿业权市场的主体即矿业权交易的行为人：包括矿业权登记审批管理机关、矿业投资人、矿业权（申请）人、中介机构。

矿业投资人、矿业权人和中介机构是一般民事主体，矿业权登记审批管理机关代表国家采用市场方式将矿业权出让给矿业投资人的行为是一种特殊的民事行为，所以，矿业权登记审批管理机关是矿业权市场的特殊民事主体。

矿业权市场的客体即矿业权市场中的交易标的，包括探矿权、采矿权，以及为探矿权、采矿权交易服务的矿业权评估、矿产资源储量核实及评审、矿业权交易鉴证、矿业项目经济评价、矿业投资咨询、法律咨询等中介服务。

值得注意的是，矿产资源不是矿业权市场的客体。

43. 探矿权申请人应当具备哪些条件？

答：根据《矿产资源勘查区块登记管理办法》，探矿权申请人应当具备的条件是出资勘查。如果申请国家出资勘查的探矿权，探矿权申请人应当具备的条件是国家委托勘查。

云南省人民政府2006年7月印发的《云南省探矿权采矿权管理办法》对探矿权申请人应当具备的条件作出了更为具体的规定：

（1）探矿权申请人应当是具有300万元以上注册资本金（或国家基金）的企业法人或者事业法人；

（2）探矿权申请人的银行存款不低于勘查设计的投资预算；

（3）申请国家或者省级矿产资源规划确定的重点成矿区带

以及申请矿产资源规划确定为限制勘查区内的探矿权，勘查单位必须具有甲级地质勘查资质；

（4）申请《矿产勘查开采分类目录》中第一类矿产及煤、铁、磷、钛等矿产的探矿权，勘查单位必须具有乙级以上地质勘查资质。

《云南省探矿权采矿权管理办法》明确规定了个人、社会团体和政府机关不能作为探矿权申请人。

44. 采矿权申请人应当具备哪些条件?

答:《中华人民共和国矿产资源法》第三条第四款仅对采矿权申请人应当具备的条件作了原则规定，即从事矿产资源勘查和开采的，必须符合规定的资质条件。

云南省人民政府2006年7月印发的《云南省探矿权采矿权管理办法》规定，采矿权申请人除应当有相应的专业技术人员和技术设备外，还按拟建矿山的建设规模或者申请开采储量规模的大小，设定了不同的条件：

（1）拟建规模为大中型矿山或者申请开采储量规模为中型以上矿产地的采矿权申请人，注册资金不得少于5 000万元或者前三年平均纳税额不低于500万元，项目资本金不得低于矿山开发利用方案或者初步设计概算投资额的35%；

（2）拟建规模为小型矿山的采矿权申请人，注册资金不得少于500万元，项目资本金不得低于矿山开发利用方案或初步设计概算投资额的50%；

（3）个人只能申请开采用作普通建筑材料的砂、石、粘土等小型矿山采矿权。

《云南省探矿权采矿权管理办法》明确规定了社会团体、政府机关不能成为采矿权申请人。

45. 在矿业权二级市场中，探矿权、采矿权的受让人应当具备什么条件?

答：在矿业权二级市场中，探矿权、采矿权的受让人应当具备的条件与前述探矿权申请人、采矿权申请人应当具备的条件相同。

46. 哪些从事矿业权中介服务的机构需要具备国家授予或者认可的专门资质?

答：在矿业权市场中从事中介服务的机构较多，比如律师事务所、矿业投资咨询机构、矿业权评估机构、矿业权登记代理机构、矿产资源储量评审机构、矿业权交易市场，等等。其中，矿业权评估机构、矿产资源储量评审机构需要由国土资源部授予专门资质。

47. 什么是矿业权评估? 矿业权评估机构需具备什么样的条件?

答：矿业权评估是对矿业权的价值进行评价和估算的行为。从事矿业权评估的机构须具备如下条件：

（1）经工商注册设立的合伙制或公司制的中介机构；

（2）经国土资源部授予探矿权采矿权评估资质。

2007 年，国土资源部已将矿业权评估管理工作移交给中国矿业权评估师协会。此后，矿业权评估资质由中国矿业权评估师协会授予。

48. 具备矿业权评估资质的机构可以从事哪些业务?

答：根据中国矿业权评估师协会 2007 年 5 月 11 日印发的《矿业权评估机构资质管理暂行办法》（矿评协字［2007］8 号），矿业权评估机构可以从事下列范围内的业务：

（1）矿业权评估；

（2）矿业权评估咨询；

（3）矿业权评估涉及的矿产资源经济评价；

（4）矿业权评估涉及的勘查、开发利用可行性研究。

49. 哪些情形需要进行矿业权评估？

答：矿业权评估分为法定评估和酌定评估。

法定评估是由法律规定的应当进行矿业权评估的情形出现时，必须进行矿业权评估，包括出让、转让、出租国家出资勘查形成矿产地的矿业权、用采矿权进行抵押贷款、拥有矿业权的公司上市等。不进行评估，矿业权交易就不能实现。

酌定评估是对不属于法定评估范畴的，根据矿业权交易利害关系人的意愿进行的矿业权评估。酌定的矿业权评估，可以促进矿业权交易以较小的交易成本达成各方都较满意的交易协议，可以维护矿业权交易客观、公正。

50. 什么是矿产资源储量评审？矿产资源储量评审机构需具备什么样的条件？

答：矿产资源储量评审是对地质勘查报告或者储量核实报告中计算和提交的矿产资源储量进行评定和审查的行为。从事矿产资源储量评审的机构须具备如下条件：

（1）经工商注册设立的合伙制或公司制的中介机构，或者经省级以上编制委员会确认的事业单位；

（2）经国土资源部授予矿产资源评审资质。

2007年，国土资源部已将矿产储量评审管理工作移交给中国矿业权评估师协会。

51. 矿业权评估师和矿产储量评估师在执业过程中应遵循哪些规则？

答：矿业权评估师和矿产储量评估师在执业过程中应遵循以下基本准则：

（1）诚实正直，勤勉尽责，恪守独立、客观、公正、诚信的原则。

（2）维护行业形象，不得从事与评估师身份不符或可能损害行业形象的活动；不得贬低或诋毁其他评估师或评估（评审）机构。

（3）开展评估（评审）业务，应当独立进行分析、评估（评审）并形成专业意见，有权抵制外部干预不受委托方或相关当事方的影响，不得以预先设定的实物量、价值量引导评估（评审）结论。

（4）不得出具虚假、不实、有偏见或具有误导性的评估（评审）报告。

（5）遵守保密原则。除国家和行业规定外，未经委托方书面许可，不得对外提供执业过程中获知的商业秘密和业务资料。

（6）不得采用欺诈、利诱、强迫、恶意降低评估（评审）费用等不正当手段招揽业务；不得向委托方或相关当事方索取约定服务费之外的不正当利益。

（7）不得利用执业便利为自己或他人谋取不正当利益。

（8）不得签署本人未参与项目的评估（评审）报告，也不得允许他人以本人名义签署评估（评审）报告。

（9）如实声明其具有的专业胜任能力和执业经验，不得对其专业胜任能力和执业经验进行夸张、虚假和误导性宣传。

（10）与委托方或相关当事方之间存在利害关系可能影响公正执业的，应当回避。

52. 国土资源主管部门主要采用哪些方式出让矿业权？

答：国土资源主管部门出让矿业权的主要方式有《中华人民共和国矿产资源法》规定的申请批准方式和《中华人民共和国行政许可法》规定的公平竞争方式。

公平竞争方式包括招标、拍卖、挂牌等方式。

53. 新设探矿权有哪些情形的应当以招标、拍卖、挂牌的方式授予？

答：根据国土资源部《探矿权采矿权招标拍卖挂牌管理办法》（试行）第七条的规定，新设探矿权有下列情形之一的，主管部门应当以招标、拍卖、挂牌的方式授予：

（一）国家出资勘查并已探明可供进一步勘查的矿产地；

（二）探矿权灭失的矿产地；

（三）国家和省两级矿产资源勘查专项规划划定的勘查区块；

（四）主管部门规定的其他情形。

《云南省探矿权采矿权管理办法》第十七条第二款规定以招标、拍卖、挂牌的方式授予探矿权的情形有：

(1)《矿产勘查开采分类目录》规定的第二类矿产；

(2)《矿产勘查开采分类目录》规定的第一类矿产，已进行过矿产勘查工作并获可供进一步勘查的矿产地或以往采矿活动显示存在可供进一步勘查的矿产地。

54. 哪些情形适用以招标、拍卖、挂牌的方式出让采矿权？

根据国土资源部《探矿权采矿权招标拍卖挂牌管理办法》（试行）第八条的规定，新设采矿权有下列情形之一的，主管部门应当以招标、拍卖、挂牌的方式授予：

（一）国家出资勘查并已探明可供开采的矿产地；

（二）采矿权灭失的矿产地；

（三）探矿权灭失的可供开采的矿产地；

（四）主管部门规定无需勘查即可直接开采的矿产；

（五）国土资源部、省级主管部门规定的其他情形。

根据《云南省探矿权采矿权管理办法》第十八条的规定，属下列情形的，不再设探矿权，而以招标、拍卖、挂牌的方式直接出让采矿权。

（一）《矿产勘查开采分类目录》规定的第三类矿产；

（二）《矿产勘查开采分类目录》规定的第一类、第二类矿产，属政府出资勘查探明的矿产地；

（三）《矿产勘查开采分类目录》规定的第一类、第二类矿产，探矿权灭失，但矿产勘查工作程度已经达到详查以上程度并符合开采设计要求的矿产地；

（四）《矿产勘查开采分类目录》规定的第一类、第二类矿产，采矿权灭失或以往有过采矿活动，经核实存在可供开采矿产储量或有经济价值矿产资源的矿产地。

55. 哪些探矿权、采矿权应当以招标方式授予？

答：根据国土资源部《探矿权采矿权招标拍卖挂牌管理办法》（试行）第九条的规定，有下列情形之一的，主管部门应当以招标的方式授予探矿权、采矿权。

（一）国家出资的勘查项目；

（二）矿产资源储量规模为大型的能源、金属矿产地；

（三）共伴生组分多、综合利用技术水平要求高的矿产地；

（四）对国民经济具有重要价值的矿区；

（五）根据法律法规、国家政策规定可以新设探矿权、采矿权的环境敏感地区和未达到国家规定的环境质量标准的地区。

56. 哪些探矿权、采矿权不得以招标、拍卖、挂牌的方式授予？

答：根据国土资源部《探矿权采矿权招标拍卖挂牌管理办法》（试行）第十条的规定，有下列情形之一的，不得以招标、拍卖、挂牌的方式授予：

（一）探矿权人依法申请其勘查区块范围内的采矿权；

（二）符合矿产资源规划或者矿区总体规划的矿山企业的接

续矿区、已设采矿权的矿区范围上下部需要统一开采的区域；

（三）为国家重点基础设施建设项目提供建筑用矿产；

（四）探矿权采矿权权属有争议；

（五）法律法规另有规定以及主管部门规定因特殊情形不适于以招标拍卖挂牌方式授予的。

57. **各级国土资源主管部门采用招标、拍卖、挂牌的方式出让矿业权的权限是如何规定的？**

答：各级国土资源主管部门采用招标、拍卖、挂牌的方式出让矿业权的权限与探矿权采矿权审批权限相同。

上级国土资源主管部门可以委托下级国土资源主管部门组织探矿权、采矿权招标、拍卖、挂牌的具体工作，但勘查许可证、采矿许可证仍由委托机关审核颁发。

58. **以招标、拍卖、挂牌方式出让矿业权的基本程序是什么？**

答：招标、拍卖、挂牌方式出让矿业权的基本程序包括：

（1）确定项目；

（2）确定底价；

（3）发布公告；

（4）审查投标人或者竞买人的资质条件；

（5）评标或者竞买；

（6）确定中标人或者竞得人；

（7）签订矿业权成交确认书；

（8）矿业权出让鉴证。

地方政府规定了应对矿业权出让行为进行鉴证的，还应到政府授权的机构进行鉴证。云南省人民政府 2006 年 7 月印发的《云南省矿业权交易管理暂行办法》规定，由省人民政府批准设立的云南省矿业权交易中心履行矿业权出让的鉴证职能。

59. 如何确定招标、拍卖、挂牌方式出让矿业权的项目？

答：招标、拍卖、挂牌方式出让矿业权的项目，由各级国土资源主管部门按照颁发勘查许可证、采矿许可证的权限，根据矿产资源规划、矿产资源勘查专项规划、矿区总体规划、国家产业政策以及市场供需情况确定。

60. 如何确定矿业权的招标、拍卖、挂牌的底价？

答：矿业权招标标底、拍卖、挂牌底价，由国土资源主管部门委托有探矿权采矿权评估资质的评估机构评估，或者采取询价、类比等方式进行评估，并根据评估结果和国家产业政策等综合因素集体决定。

61. 矿业权的招标、拍卖、挂牌的底价是否应当保密？

答：矿业权的招标、拍卖、挂牌的底价在评标（或者竞价）程序结束之前，必须保密，并且不得变更。

62. 矿业权招标、拍卖、挂牌公告应当包括哪些内容？

答：矿业权招标、拍卖、挂牌公告应当包括下列内容：

（1）主管部门的名称和地址；

（2）拟招标、拍卖、挂牌的勘查区块、开采矿区的简要情况；

（3）申请探矿权采矿权的资质条件以及取得投标人、竞买人资格的要求；

（4）获取招标、拍卖、挂牌文件的办法；

（5）招标、拍卖、挂牌的时间、地点；

（6）投标或者竞价方式；

（7）确定中标人或者竞得人的标准和方法；

（8）投标、竞买保证金及其缴纳方式和处置方式；

（9）其他需要公告的事项。

63. 矿业权招标、拍卖、挂牌的公告期是多少天？

答：《探矿权采矿权招标拍卖挂牌管理办法（试行）》对矿业权招标、拍卖、挂牌的公告期作了下列原则规定：

（1）矿业权招标的，自招标文件发出之日起至投标人提交投标文件截止之日，最短不得少于30日；

（2）矿业权拍卖的，发布拍卖公告日至拍卖日不少于20日；

（3）矿业权挂牌的，发布挂牌公告日至挂牌起始日不少于20日。

64. 对参加矿业权招标、拍卖、挂牌的投标人、竞买人的最低人数有什么规定？

答：《探矿权采矿权招标拍卖挂牌管理办法（试行）》，对参加矿业权招标、拍卖的投标人、竞买人的最低人数作了规定：

（1）探矿权采矿权招标的，投标人不得少于三人。投标人少于三人，属采矿权招标的，主管部门应当依照本办法重新组织招标；属探矿权招标的，主管部门可以以挂牌方式授予探矿权。

（2）探矿权采矿权拍卖的，竞买人不得少于三人。少于三人的，主管部门应当停止拍卖。

《探矿权采矿权招标拍卖挂牌管理办法（试行）》，没有对参加矿业权挂牌的竞买人的最低人数作出规定。

65. 投标人或者竞买人应当具备哪些条件？

答：当招标、拍卖、挂牌的项目为探矿权时，投标人或者竞买人应当具备探矿权申请人的资格条件；当招标、拍卖、挂牌的项目为探采矿权时，投标人或者竞买人应当具备采矿权申请人的资格条件。

66. 如何确定矿业权招标的中标人？

答：由国土资源主管部门根据拟招标的探矿权、采矿权情况，聘请有关技术、经济方面的专家组成评标委员会，对投标文件进行评审。

评标委员会按照招标文件确定的评标标准和方法，对投标文件进行评审后，提出书面评标报告和中标候选人，报主管部门确定中标人；主管部门也可委托评标委员会直接确定中标人。

评标委员会成员人数为五人以上单数，其中有关技术、经济方面的专家不得少于成员总数的三分之二。

在中标结果公布前，评标委员会成员名单须保密。

67. 如何确定矿业权拍卖的竞得人？

答：在矿业权拍卖现场，在满足最高应价高于底价的前提下，经拍卖主持人落槌敲定的最高应价的竞买人为竞得人。

68. 如何确定矿业权挂牌的竞得人？

答：矿业权挂牌需有不得少于10个工作日的挂牌期。在挂牌期内，竞买人按挂牌规则报价。挂牌期限届满，按下列原则确定竞得人：

（1）在挂牌期限内只有一个竞买人报价，且报价高于底价的，该竞买人即为竞得人。

（2）在挂牌期限内有两个或者两个以上的竞买人报价的，出价最高且高于底价的竞买人为竞得人；报价相同，且都高于底价的，先提交报价单者为竞得人。

（3）在挂牌期限截止前30分钟仍有竞买人要求报价的，以当时挂牌价为起始价进行现场竞价，出价最高且高于底价的竞买人为竞得人。

69. 矿业权成交确认书的主要内容有哪些？

答：矿业权成交确认书是在矿业权一级市场中，国土资源主管部门与中标人或者竞得人签订的确认矿业权出让成交的、具有合同效力的法律文书，包括下列内容：

（1）主管部门和中标人、竞得人的名称、地址；

（2）成交的时间、地点；

（3）中标、竞得的勘查区块、开采矿区的简要情况；

（4）矿业权成交价；

（5）矿业权成交价的缴纳时间、方式；

（6）办理矿业权登记所需的材料和要求；

（7）办理矿业权登记的时间期限；

（8）其他事项。

70. 矿业权成交确认书是否可以代替矿业权登记？

答：矿业权中标人或者竞得人与国土资源主管部门签订的矿业权成交确认书，表示经过公平竞争的方式，国土资源主管部门许可中标人或者竞得人登记该矿业权，但不能代替矿业权登记。

中标人或者竞得人应按矿业权成交确认书约定的期限，到探矿权、采矿权登记管理机关办理探矿权、采矿权登记手续；逾期不办，会失去登记资格，并应承担违约责任。

71. 在矿业权二级市场中，可以采取哪些方式转让矿业权？

答：在矿业权二级市场中，矿业权人转让矿业权，可以采用招标、拍卖、挂牌、协议以及法律、法规允许的其他方式。

无论采取何种方式，交易双方达成协议之后，都应当签订矿业权转让合同或者交易合同。

矿业权转让合同（交易合同）需经省级以上国土资源主管部门批准，方能生效。

矿业权转让合同（交易合同）需经省级以上国土资源主管部门批准后，矿业权交易的受让方应到采矿许可证原颁证机关办理采矿权变更登记手续。

地方政府规定了应对矿业权转让行为进行鉴证的，在办理采矿权变更登记手续前，还应到政府授权的机构进行鉴证。云南省人民政府2006年7月印发的《云南省矿业权交易管理暂行办法》规定，由省人民政府批准设立的云南省矿业权交易中心履行矿业权转让的鉴证职能。

72. 订立矿业权转让合同（交易合同）应具备哪些主要内容？

答：矿业权转让合同（交易合同）是在矿业权二级市场中，矿业权交易各方就矿业权转让中民事权利义务关系达成一致意见的书面协议。矿业权转让合同（交易合同）受《中华人民共和国合同法》的调整，应包括下列内容：

（1）矿业权转让人、受让人的名称、法定代表人、注册地址；

（2）转让矿业权的基本情况，包括当前权属关系、转让的许可证编号、发证机关、有效期限、矿业权的地理位置、坐标、面积、地质勘查工作或开发利用情况等；

（3）转让价格、付款方式或者权益实现方式等；

（4）争议解决方式；

（5）违约责任；

（6）其他事项。

73. 什么是矿业权登记？

答：矿业权登记是指矿业权申请人（或矿业权人）依照法律的规定，到矿业权登记管理机关就矿业权的取得、延续、变更、保留等事项进行登记的法律行为。

矿业权未经登记，不发生效力。矿业权的取得，自颁发勘查许可证或者采矿许可证之日起发生法律效力。

74. 什么是勘查许可证？勘查许可证载明哪些内容？

答：勘查许可证是矿业权登记管理机关颁发给探矿权人的权利凭证。

勘查许可证载明的内容有：证号、探矿权人、探矿权人地址、勘查项目名称、地理位置、图幅号、勘查面积、有效期限、勘查单位、勘查单位地址、勘查区块图及拐点坐标、发证机关、发证时间等。

75. 法律对探矿权的有效期限有什么规定？

答：根据国务院《矿产资源勘查区块登记管理办法》第十条的规定，勘查许可证有效期最长为3年；但是，石油、天然气勘查许可证有效期最长为7年。需要延长勘查工作时间的，探矿权人应当在勘查许可证有效期届满的30日前，到登记管理机关办理延续登记手续，每次延续时间不得超过2年。

探矿权人在勘查许可证有效期内探明可供开采的矿体后，经登记管理机关批准，可以停止相应区块的最低勘查投入，并可以在勘查许可证有效期届满的30日前，申请保留探矿权。但是，国家为了公共利益或者因技术条件暂时难以利用等情况，需要延期开采的除外。

保留探矿权的期限，最长不得超过2年，需要延长保留期的，可以申请延长2次，每次不得超过2年；保留探矿权的范围为可供开采的矿体范围。

76. 什么是勘查区块？

答：勘查区块是勘查许可证核定的勘查工作区域的空间位置。其拐点用地理坐标，即经纬度表示。按照《矿产资源勘查区块登记管理办法》的规定，地球表面$1' \times 1'$为一个基本区块。基本区块的面积随纬度的增加而减小。在云南省，一个基本区块的面积大约为3~3.1平方千米。探矿权登记的允许最小区块为$15'' \times 15''$。

77. 什么是采矿许可证？采矿许可证载明哪些内容？

答：采矿许可证是矿业权登记管理机关颁发给采矿权人的权

利凭证。

采矿许可证载明的内容有：证号、采矿权人、采矿权人地址、矿山名称、经济类型、开采矿种、开采方式、生产规模、矿区面积、有效期限、矿区范围拐点坐标、开采深度、发证机关，发证时间等。

78. 法律对采矿权的有效期限有什么规定?

答：根据国务院《矿产资源开采登记管理办法》第七条的规定，采矿许可证有效期按照矿山建设规模确定：大型以上的，采矿许可证有效期最长为30年；中型的，采矿许可证有效期最长为20年；小型的，采矿许可证有效期最长为10年。采矿许可证有效期满，需要继续采矿的，采矿权人应当在采矿许可证有效期届满的30日前，到登记管理机关办理延续登记手续。

采矿权人逾期不办理延续登记手续的，采矿许可证自行废止。

79. 什么是矿区范围?

答：矿区范围是采矿许可证核准的开采矿产资源的空间位置，即登记管理机关依法划定的可供开采矿产资源的范围、井巷工程设施分布范围或者露天剥离范围的立体空间区域。矿区范围的平面范围由国家统一的1954 直角坐标系3 度带坐标表示，开采深度由1956 黄海高程系海拔高程表示。

80. 哪个部门负责矿业权登记工作?

答：各级人民政府国土资源主管部门负责矿业权登记工作。法律上称其为矿业权登记管理机关。

探矿权登记由国土资源部和省级国土资源主管部门负责。

采矿权登记由国土资源部，省、州（市）、县级国土资源主管部门负责。

各级国土资源主管部门的登记管理权限由法律规定。

81. 矿业权转让由哪个部门审批？

答：矿业权转让由国土资源部和省级国土资源主管部门审批。法律上称其为矿业权转让审批机关。

国土资源部负责由其发证的探矿权、采矿权转让的审批，其他探矿权、采矿权转让由省级国土资源主管部门负责审批。

82. 什么是矿业权出租？

答：矿业权出租是指矿业权人作为出租人将矿业权租赁给承租人，并向承租人收取租金的行为。

83. 什么是矿业权抵押

答：矿业权抵押是指矿业权人依照有关法律作为债务人以其拥有的矿业权在不转移占有的前提下，向债权人提供担保的行为。

以矿业权作抵押的债务人为抵押人，债权人为抵押权人，提供担保的矿业权为抵押物。

84. 矿业权出租、抵押由哪个部门管理？

答：根据国土资源部《矿业权出让转让管理暂行规定》第三十六条的规定，矿业权的出租、抵押按照矿业权转让的条件和程序进行管理，由原发证机关审查批准。

85. 国土资源主管部门审批矿业权登记的时限是几天？

答：根据国务院《矿产资源勘查区块登记管理办法》第八条的规定，登记管理机关应当自收到申请之日起40日内，按照申请在先的原则作出准予登记或者不予登记的决定，并通知探矿权申请人。

根据国务院《矿产资源开采登记管理办法》第六条的规定，登记管理机关应当自收到申请之日起40日内，作出准予登记或者不予登记的决定，并通知采矿权申请人。

准予登记的，采矿权申请人应当自收到通知之日起 30 日内，依照规定缴纳采矿权使用费和缴纳国家出资勘查形成的采矿权价款，办理登记手续，领取采矿许可证，成为采矿权人。

不予登记的，登记管理机关应当向采矿权申请人说明理由。

云南省人民代表大会常务委员会审议通过的地方性法规，将上述时限规定为 30 天。

86. 国土资源主管部门审批矿业权转让的时限是几天？

答：根据国务院《探矿权采矿权转让管理办法》第十条规定，申请转让探矿权、采矿权的，审批管理机关应当自收到转让申请之日起 40 日内，作出准予转让或者不准转让的决定，并通知转让人和受让人。

云南省人民代表大会常务委员会审议通过的地方性法规，将上述时限规定为 30 天。

87. 探矿权登记的权限是如何划分的？

答：国土资源部和省级国土资源主管部门根据国务院《矿产资源勘查区块登记管理办法》和国土资源部《关于规范勘查许可证采矿许可证权限有关问题的通知》的规定，按下列原则划分探矿权登记的权限：

（1）下列情形由国土资源部审批登记颁发勘查许可证：

①石油、烃类天然气、煤成（层）气、放射性矿产的勘查；

②煤炭勘查区块面积大于 30 平方公里（含）的勘查项目；

③钨、锡、锑、稀土矿产勘查投资大于 500 万元人民币（含），或勘查区块面积大于 15 平方公里（含）的勘查项目；

④油页岩、金、银、铂、锰、铬、钴、铁、铜、铅、锌、铝、镍、钼、磷、钾、锶、铌、钽矿产勘查投资大于 500 万元人民币（含）的勘查项目；

⑤海域（含内水），跨省、自治区、直辖市的矿产勘查。

（2）除由国土资源部审批、登记、颁发勘查许可证以外的矿产资源的勘查，由省级国土资源主管部门审批、登记、颁发勘查许可证。

88. 国土资源部审批、登记、颁发采矿许可证的权限有哪些？

答：按照国务院《矿产资源开采登记管理办法》和国土资源部《关于规范勘查许可证采矿许可证权限有关问题的通知》的规定，开采下列矿产资源由国土资源部审批、登记、颁发许可证：

（1）石油、烃类天然气、煤成（层）气、放射性矿产；

（2）煤（煤井田储量1亿吨（含）以上，其中焦煤井田储量5 000万吨（含）以上）、油页岩矿床储量规模为大型（含）以上的；

（3）钨、锡、锑、稀土矿床储量规模为中型（含）以上的；

（4）金、银、铂、锰、铬、钴、铁、铜、铅、锌、铝、镍、钼、磷、钾、锶、金刚石、铌、钽矿床储量规模为大型（含）以上的；

（5）海域（含内水）、跨省、自治区、直辖市开采矿产资源的。

89. 省级国土资源主管部门审批、登记、颁发采矿许可证的权限有哪些？

答：根据《中华人民共和国矿产资源法》第十六条第三款以及国务院《矿产资源开采登记管理办法》和国土资源部《关于规范勘查许可证采矿许可证权限有关问题的通知》的规定，开采由国土资源部审批、颁发采矿许可证以外的矿产资源，其可供开采的矿产的储量规模为中型的，由省级国土资源主管部门审批和颁发采矿许可证。

90. 市、县级国土资源主管部门审批、登记、颁发采矿许可证的权限有哪些?

答：根据《中华人民共和国矿产资源法》第十六条和国务院《矿产资源开采登记管理办法》第三条的规定，开采由国土资源部、省级国土资源主管部门审批、颁发采矿许可证以外的矿产资源，由县级以上国土资源主管部门按照省、自治区、直辖市人民代表大会常务委员会制定的管理办法审批、登记、颁发采矿许可证。

矿区范围跨县级以上行政区域的，由所涉及行政区域的共同上一级登记管理机关审批登记，颁发采矿许可证。

云南省根据《云南省矿产资源管理条例》第十四条的规定，开采由云南省国土资源厅审批、颁发采矿许可证以外的矿产资源，其可供开采的矿产储量规模为小型的，由矿产资源所在地的州（市）级国土资源主管部门审批并颁发采矿许可证；开采零星分散的矿产资源，由县级人民政府国土资源主管部门审批并颁发采矿许可证。

91. 哪些行为需要进行矿业权登记?

答：取得矿业权、转让矿业权、变更已登记的矿业权部分内容、保留矿业权、注销矿业权等行为，需要进行矿业权登记。分别称为新立登记、变更登记、延续登记、保留登记、注销登记。

92. 什么是矿业权新立登记?

答：矿业权新立登记，是指矿业权申请人依法向登记管理机关申请新设立矿业权的行为，分为探矿权新立申请和采矿权新立申请。

探矿权新立登记是指在尚未设立探矿权，或者曾经设立过探矿权，但原设立的探矿权已经灭失的区块申请登记探矿权。

采矿权新立登记是指在尚未设立采矿权，或者曾经设立过采矿权，但原设立的采矿权已经灭失的矿区申请登记采矿权。探矿权人依照“优先取得采矿权”的法律规定，申请在自己登记的勘查区块内设立采矿权，也属采矿权新立登记。

93. 什么是矿业权变更登记？

答：矿业权变更登记，是指矿业权人根据主客观情形的变化，向登记管理机关申请变更已经取得的矿业权的部分内容的行为，分为探矿权变更登记和采矿权变更登记。

应当进行探矿权变更登记的情形有：扩大或者缩小勘查区块范围、改变勘查工作对象、经依法批准转让探矿权、探矿权人改变名称或者地址等。

应当进行采矿权变更登记的情形有：变更矿区范围、变更主要开采矿种、变更开采方式、变更矿山企业名称、经依法批准转让采矿权等。

扩大矿区范围的，应先取得扩大矿区范围的许可，再办理变更登记手续。

94. 什么是矿业权延续登记？

答：矿业权延续登记是指矿业权人在原登记的矿业权有限期届满前，根据法律规定，向登记管理机关申请延续矿业权有效期的行为，分为探矿权延续登记和采矿权延续登记。

95. 什么是矿业权保留登记？

答：矿业权保留登记特指探矿权人在勘查许可证有效期内探明可供开采的矿体后依法向登记管理机关申请保留探矿权的行为。探矿权经批准办理了保留登记手续之后，在探矿权保留期，可以不再对该探矿权的勘查区块投入勘查经费，但应当继续缴纳探矿权使用费。

96. 什么是矿业权注销登记？

答：矿业权注销登记分为探矿权注销登记和采矿权注销

登记。

探矿权注销登记是指探矿权人在勘查许可证有效期内，不办理延续登记或者不申请保留探矿权，或者因故需要撤销勘查项目，向登记管理机关申请办理勘查许可证注销登记手续的行为。

探矿权人申请在自己登记的探矿权勘查区块内登记采矿权，也应办理探矿权注销登记手续。

根据国务院《矿产资源勘查区块登记管理办法》，自勘查许可证注销之日起90日内，原探矿权人不得申请已经注销的区块范围内的探矿权。

采矿权注销登记是指采矿权人在采矿许可证有效期内或者有效期届满，停办、关闭矿山，向登记管理机关申请办理采矿许可证注销登记手续的行为。

97. 申请探矿权新立登记时应提交哪些资料?

答：根据国务院《矿产资源勘查区块登记管理办法》第六条的规定，探矿权申请人申请探矿权时，应当向登记管理机关提交下列资料：

（一）申请登记书和申请的区块范围图；
（二）勘查单位的资格证书复印件；
（三）勘查工作计划、勘查合同或者委托勘查的证明文件；
（四）勘查实施方案及附件；
（五）勘查项目资金来源证明；
（六）国务院国土资源主管部门规定提交的其他资料。

申请勘查石油、天然气的，还应当提交国务院批准设立石油公司或者同意进行石油、天然气勘查的批准文件以及勘查单位法人资格证明。

国土资源主管部门在具体实施法律、法规和政策过程中，一般要求探矿权申请人申请探矿权时，向登记管理机关提交下列资料：

（1）探矿权申请登记书；（电子报盘1份）

（2）申请区块范围图；

（3）探矿权申请人营业执照或事业单位登记证书（公民申请为身份证）复印件；

（4）资金证明；

（5）申请人与勘查单位签订的委托勘查协议或合同（探矿权申请人与勘查单位为同一主体的除外）；

（6）勘查单位资格证书复印件；

（7）交通位置图；

（8）勘查设计及附件；（电子文档1份）

（9）申请登记所必须的其他文件资料。

涉外项目应提交：①申请人的《外商投资企业批准证书》复印件；②合作合资企业章程、合同。

申请勘查煤炭资源的，还应当提交有关煤炭主管部门的准入文件。

98. 申请探矿权变更登记应提交哪些资料？

答：云南省人民政府发布的《云南省探矿权采矿权管理办法》第三十八条规定，申办探矿权变更登记应当提交以下材料：

（一）探矿权变更申请登记书；

（二）州（市）、县（市、区）国土资源行政主管部门的审查意见；

（三）原颁发的勘查许可证；

（四）变更勘查区块范围的，应当提交变更后的勘查区块范围图；变更勘查工作对象的，应当提交变更勘查矿种的勘查设计和实施方案；变更探矿权人名称的，应当提交变更后的工商营业执照；变更勘查单位的，应当提交变更后勘查单位的勘查资质证和探矿权人与勘查单位签订的勘查合同；经依法批准转让探矿权的，应当提交转让审批机关的批准转让文件。

国土资源主管部门在具体实施法律、法规和政策过程中，一般要求在申请探矿权变更登记时，向登记管理机关提交下列资料：

（1）探矿权变更申请登记书；（电子报盘1份）

（2）申请的区块范围图；

（3）资金证明；

（4）勘查单位资格证书复印件；

（5）原勘查许可证；

（6）变更勘查范围的：提交新的勘查设计及附件；（设计及附件电子文档1份）

变更勘查主矿种的：提交年度报告和勘查工作阶段性报告；

变更探矿权人名称或地址的：提交相关批文和新的营业执照或事业单位登记证书（公民申请为身份证）复印件；

转让探矿权的：提交探矿权转让审批通知书、申请人营业执照或事业单位登记证书（公民身份证）复印件；

（7）申请人与勘查单位签订的委托勘查协议或合同（探矿权申请人与勘查单位为同一主体的除外）；

（8）交通位置图1份；

（9）申请登记所必须的其他文件资料。

涉外项目还应提交：①申请人的《外商投资企业批准证书》复印件；②合作合资企业章程、合同。

99. 符合哪些条件，可以申请探矿权延续登记？

答：云南省人民政府发布的《云南省探矿权采矿权管理办法》第三十五条规定，符合下列五个条件的，可以申请探矿权延续登记：

（一）已按勘查设计组织施工，各类实物工作量完成70%以上；

（二）没有无故停工6个月以上的情况；

（三）无持勘查许可证采矿、非法承包、转让等违法行为；

（四）已依法缴纳有关规定的费用；

（五）依法履行其他法定义务。

100. 申请探矿权延续登记应提交哪些资料？

答：云南省人民政府发布的《云南省探矿权采矿权管理办法》第三十四条第二款规定，申请探矿权延续登记应当提交以下材料：

（一）延续申请登记书；

（二）年度检查报告；

（三）原颁发的勘查许可证。

国土资源主管部门在具体实施法律、法规和政策过程中，一般要求在申请探矿权延续登记时，向登记管理机关提交下列资料：

（1）探矿权延续申请登记书；（电子报盘1份）

（2）申请区块范围图；

（3）探矿权申请人营业执照或事业单位登记证书（公民申请为身份证）复印件；

（4）资金证明；

（5）原勘查许可证；

（6）勘查工作年度报告（需经州（市）县（市、区）国土资源局审核）；（电子报盘1份）

（7）勘查单位资格证书复印件；

（8）提交勘查设计及附件。（设计电子文档1份）

101. 申请探矿权保留登记时应提交哪些资料？

答：国土资源主管部门在具体实施法律、法规和政策过程中，一般要求在申请探矿权保留登记时，向登记管理机关提交下列资料：

（1）探矿权保留申请登记书；（电子报盘1份）

（2）申请区块范围图；

（3）探矿权申请人营业执照或事业单位登记证书（公民申请为身份证）复印件；

（4）原勘查许可证；

（5）勘查工作年度报告（需经州（市）县（市、区）国土资源局审核）、项目完成报告；

（6）勘查单位资格证书复印件。

102. **申请探矿权注销登记应提交哪些资料?**

答：根据国务院《矿产资源勘查区块登记管理办法》第二十四条的规定，探矿权人应当在勘查许可证有效期内，向登记管理机关递交勘查项目完成报告或者勘查项目终止报告，报送资金投入情况报表和有关证明文件，由登记管理机关核定其实际勘查投入后，办理勘查许可证注销登记手续。

国土资源主管部门在具体实施法律、法规和政策过程中，一般要求探矿权人在申请探矿权注销登记时，向登记管理机关提交下列资料：

（1）探矿权注销申请书；（电子报盘1份）

（2）原勘查许可证；

（3）勘查项目完成报告或终止报告；

（4）项目成果资料汇交证明的复印件；

（5）勘查项目资金投入情况的会计报表和有关证明文件。

103. **探矿权转让需要具备哪些条件?**

答：根据国务院《探矿权采矿权转让管理办法》第五条的规定，转让探矿权，应当具备下列条件：

（一）自颁发勘查许可证之日起满2年，或者在勘查作业区内发现可供进一步勘查或者开采的矿产资源；

（二）完成规定的最低勘查投入；

（三）探矿权属无争议；

（四）按照国家有关规定已经缴纳探矿权使用费、探矿权价款；

（五）国务院国土资源行政主管部门规定的其他条件。

104. 申请探矿权转让审批应提交哪些资料？

答：根据国务院《探矿权采矿权转让管理办法》第八条的规定，探矿权人在申请转让探矿权时，应当向审批管理机关提交下列资料：

（一）转让申请书；

（二）转让人与受让人签订的转让合同；

（三）受让人资质条件的证明文件；

（四）转让人具备《探矿权采矿权转让管理办法》第五条规定的转让条件的证明；

（五）矿产资源勘查情况的报告；

（六）审批管理机关要求提交的其他有关资料。

国土资源主管部门在具体实施法律、法规和政策过程中，一般要求探矿权人在申请转让探矿权时，向审批管理机关提交下列资料：

（1）探矿权转让申请书；（电子报盘1份）

（2）转让人与受让人签订的探矿权转让合同；

（3）勘查许可证复印件；

（4）由有关国土资源主管部门出具的探矿权权属无争议的证明材料；

（5）转让申请人按规定缴纳探矿权使用费、价款的发票复印件；

（6）探矿权评估报告和评估结果备案文件（若为非国家出资勘查所形成的探矿权，可不附具）；

(7) 矿产资源勘查情况报告；(电子文档1份)

(8) 申请转让的探矿权为再次转让的，应附具原转让审批通知书复印件；

(9) 由有关部门出具的勘查资金来源证明；

(10) 以继续勘查为目的的提交：

①受让人营业执照或事业单位登记证书（公民申请为身份证）复印件；

②勘查单位的资格证书复印件；

③资金证明；

④委托勘查的，应出具由探矿权受让人与勘查单位签订的委托勘查合同；

以转入采矿为目的的提交：

①矿山企业法人证明复印件；

②能满足该项采矿投入的资信证明；

③受让人资质条件的其他证明材料复印件。

(11) 勘查工作年度报告（需经州（市）县（市、区）国土资源局审核），保留项目还应提交项目完成报告。(电子报盘1份)

105. 采矿权登记有哪几个主要程序？

答：采矿权登记主要有划定矿区范围和采矿登记两个程序。

106. 划定矿区范围时应依据遵循的原则是什么？

答：按照国土资源部《关于矿产资源勘查登记、开采登记有关规定的通知》的有关规定，采矿登记管理机关在划定矿区范围时，应依据以下原则确定：

(1) 对矿产资源开发实行统一规划，合理布局、合理开采和综合利用；

(2) 矿山建设规模、服务年限要与申请开采的储量相适应；

(3) 矿山建设体现规模生产、集约化经营的方针；

（4）保护已有探矿权、采矿权人利益。

107. 申请划定矿区范围应提交哪些资料？

答：采矿权申请人在申请采矿权登记前，应先申请划定矿区范围。但是，国土资源主管部门通过招标、拍卖、挂牌方式确定的采矿权申请人，可以不经过申请划定矿区范围的程序，直接申请采矿权。

按照国土资源部《关于矿产资源勘查登记、开采登记有关规定的通知》的有关规定，申请矿区范围应向采矿登记管理机关提交的资料包括：

（1）划定矿区范围的申请报告，包括以下内容：

①办矿理由及简要论证；

②地质工作概况；

③矿产资源开发利用初步方案，包括以下内容：

拟申请开采矿产资源范围、矿种、位置；拟申请开采矿产资源储量、质量及其可靠程度；拟建矿山生产规模、服务年限、矿产资源综合开发利用方案；当申请范围为整体矿床中的一部分时，应说明与整体矿床的关系以及与矿区总体开发的衔接；并附申请开采的矿区范围图（以地质地形图或地质图为底图，以国家直角坐标标定）；

④矿山建设投资安排及资金来源；

⑤其他需要说明的问题。

（2）与矿山建设相适应的地质报告。

矿山企业应提交有资格的地勘单位编制的地质报告。开采零星分散矿产资源或只能用作普通建筑材料的砖瓦砂石、粘土的，应提交相应的地质资料。

（3）探矿权人申请办矿的，应出具该区域的勘查许可证影印件；探矿权经转让取得的，还应出具转让审批的有关文件。

云南省人民政府发布的《云南省探矿权采矿权管理办法》

第十四条规定，采矿权申请人申请采矿许可证前，应当向登记管理机关提交下列材料，申请划定矿区范围：

（一）申请划定矿区范围的报告和矿区范围图；

（二）矿产资源储量评审备案证明；

（三）矿产资源开发利用初步方案；

（四）企业法人营业执照或者名称预先核准通知书；

（五）资金来源证明；

（六）探矿权属证明材料。

国土资源主管部门在具体实施法律、法规和政策过程中，一般要求采矿权申请人在申请划定矿区范围时，向审批管理机关提交下列资料：

（1）划定矿区范围申请报告；

（2）划定矿区范围申请书；（附电子报盘1份）

（3）地质勘查报告和矿产资源储量评审备案证明；

（4）矿产资源开发利用初步方案；（附电子文档1份）

（5）申请划定的矿区范围图、地质剖面图；（图件电子文件1份）

（6）矿区探矿权证明材料；

（7）申请人企业法人营业执照或工商行政管理部门出具的矿山企业名称预先核准登记的批复文件；

（8）开办煤炭矿山企业需提交省级煤炭主管部门的办矿批准文件；

（9）审批管理机关要求提交的其他材料。

108. 矿区范围划定后，申请人应做哪些主要工作？

答：矿区范围划定之后，采矿权申请人应当在国土资源主管部门预留的期限内，按照国家规定办理矿山建设项目立项和企业设立手续，并编制矿产资源开发利用方案、矿山地质灾害危险性评估报告、矿山安全生产预评价、矿山环境影响评价报告，矿山水土保持方案等资料，办理采矿权申请登记手续。

采矿权申请人逾期不办理采矿登记手续、未领取采矿许可证的，视为自动放弃采矿权申请，矿区范围不予保留，采矿登记管理机关可以在该矿区范围内受理其他采矿权的申请。

109. 矿区范围预留期的期限有多长？

答：按照国土资源部《关于矿产资源勘查登记、开采登记有关规定的通知》的有关规定，矿区范围预留期为：大型矿山不超过3年、中型矿山不超过2年、小型矿山不超过1年。

110. 申请采矿权新立登记时应提交哪些资料？

答：根据国务院《矿产资源开采登记管理办法》第五条的规定，采矿权申请人申请办理采矿许可证时，应当向登记管理机关提交下列资料：

（一）申请登记书和矿区范围图；

（二）采矿权申请人资质条件的证明；

（三）矿产资源开发利用方案；

（四）依法设立矿山企业的批准文件；

（五）开采矿产资源的环境影响评价报告；

（六）国务院国土资源主管部门规定提交的其他资料。

申请开采国家规划矿区或者对国民经济具有重要价值的矿区内的矿产资源和国家实行保护性开采的特定矿种的，还应当提交国务院有关主管部门的批准文件。

申请开采石油、天然气的，还应当提交国务院批准设立石油公司或者同意进行石油、天然气开采的批准文件以及采矿企业法人资格证明。

国土资源主管部门在具体实施法律、法规和政策过程中，一般要求采矿权申请人申请办理采矿许可证时，应当向登记管理机关提交下列资料：

（1）采矿权申请登记书；（附电子报盘）

（2）经批准划定的矿区范围图及地质剖面图；（图件电子文件1份）

（3）矿产资源开发利用方案或者矿山建设可行性研究报告及评审备案登记表；（带可行性报告电子文件）

（4）采矿权申请人法人营业执照；

（5）提交与矿山建设规模相适应的资金、技术和设备条件的证明材料；

（6）环境影响评价报告及环境行政主管部门的审查意见；

（7）矿山地质灾害危险性评估报告和评审备案登记表；

（8）矿山安全生产主管部门对矿山安全措施的审查意见；

（9）申请由国家出资探明的矿产地的采矿权的，应提交该采矿权价款的评估、确认和处置的有关材料；

（10）采矿登记管理机关要求提交的其他材料。

111. **申请采矿权变更登记时应提交哪些资料？**

答：云南省人民政府发布的《云南省探矿权采矿权管理办法》第三十九条规定，申办采矿权变更登记应当提交以下材料：

（一）采矿权变更申请登记书；

（二）州（市）、县（市、区）国土资源行政主管部门同意变更登记的审查意见；

（三）原颁发的采矿许可证；

（四）变更矿区范围的，应当提交变更后的矿区范围图及其他材料；变更主要开采矿种的，应当提交变更矿种的储量核实备案证明和该矿种的开发利用方案；变更开采方式的，应当提交变更后的开发利用方案及其他材料；变更矿山企业名称的，应当提交变更后的工商营业执照；经依法批准转让采矿权的，应当提交转让审批机关的批准转让文件。

国土资源主管部门在具体实施法律、法规和政策过程中，一般要求在申请办理采矿权变更登记时，应当向登记管理机关提交下列资料：

（1）采矿权变更申请报告；

（2）采矿权变更申请登记书；（附电子报盘）

（3）州（市）、县（市、区）国土资源主管部门同意变更登记的审查意见；

（4）属变更矿区范围（变更开采主要矿种或变更开采方式），应提交储量核实及储量评审备案证明、矿产资源开发利用方案（附电子文档）及评审备案证明、矿山环境影响评价报告及环保部门的审查意见、矿山地质灾害危险性评估报告及评审备案登记表；

（5）原采矿许可证正本、副本复印件；

（6）矿区范围图及地质剖面图；（图件电子文件 1 份）

（7）采矿登记管理机关要求提交的其他材料。

112. **申请采矿权延续登记时应提交哪些资料？**

答：云南省人民政府发布的《云南省探矿权采矿权管理办法》第三十四条第三款规定，申请采矿权延续登记应当提交以下材料：

（一）延续申请登记书；

（二）年度检查报告；

（三）矿山保有储量核实评审备案证明或储量登记证明；

（四）州（市）、县（市、区）国土资源行政主管部门的审查意见；

（五）原颁发的采矿许可证。

国土资源主管部门在具体实施法律、法规和政策过程中，一般要求在申请办理采矿权延续登记时，应当向登记管理机关提交下列资料：

（1）采矿权延续申请报告；

（2）采矿权延续申请登记书；（附电子报盘）

（3）储量核实报告以及省级储量管理机关或其委托的储量管理机关对储量的评审备案证明；开采消耗储量台账清楚，并按要求每年上报储量年报的矿山，可以不提交储量核实报告，改为提交经储量管理机关审查出具的储量占用登记证明；

（4）上一年度矿产资源开发利用年检报告；

（5）企业法人营业执照复印件；

（6）原采矿许可证正、副本复印件；

（7）矿区范围图、地质剖面图；（图件电子文件1份）

（8）州（市）、县（市、区）采矿登记管理机关出具的审查意见；

（9）采矿登记管理机关要求提交的其他材料。

113. 采矿权人应当在什么时间申请采矿权注销登记？

答：根据国务院《矿产资源开采登记管理办法》第十六条的规定，采矿权人在采矿许可证有效期内或者有效期届满，停办、关闭矿山的，应当自决定停办或者关闭矿山之日起30日内，向原发证机关申请办理采矿许可证注销登记手续。

114. 申请采矿权注销登记时应提交哪些资料？

答：国土资源主管部门在具体实施法律、法规和政策过程中，一般要求采矿权人在申请办理采矿权注销登记时，应当向登记管理机关提交下列资料：

（1）采矿权注销的申请报告；

（2）采矿权注销申请登记书；（附电子报盘）

（3）环境保护、安全生产等有关主管部门对关闭、停办矿山企业的审查意见；

（4）矿山企业所在地的州（市）、县（市、区）国土资源主管部门对注销登记的审查意见；

（5）矿山生产现状图；

（6）矿山闭坑地质报告及评审认定书；（报告电子文档1份）

（7）原采矿许可证正、副本复印件；

（8）采矿登记管理机关要求提交的其他材料。

115. 转让采矿权需要具备哪些条件？

答：根据国务院《探矿权采矿权转让管理办法》第六条的规定，转让采矿权，应当具备下列条件：

（一）矿山企业投入采矿生产满1年；（国土资源部《矿业权出让转让管理暂行规定》第四十四条规定，采矿权申请人领取采矿许可证后，因与他人合资、合作进行采矿而设立新企业的，可不受投入采矿生产满一年的限制。）

（二）采矿权属无争议；

（三）按照国家有关规定已经缴纳采矿权使用费、采矿权价款、矿产资源补偿费和资源税；

（四）国务院国土资源主管部门规定的其他条件。

国有矿山企业在申请转让采矿权前，应当征得矿山企业主管部门的同意。

116. 申请采矿权转让需要提交哪些资料？

答：根据国务院《探矿权采矿权转让管理办法》第八条的规定，采矿权人在申请转让采矿权时，应当向审批管理机关提交下列资料：

（一）转让申请书；

（二）转让人与受让人签订的转让合同；

（三）受让人资质条件的证明文件；

（四）转让人具备《探矿权采矿权转让管理办法》第六条规定的转让条件的证明；

（五）矿产资源勘查或者开采情况的报告；

（六）审批管理机关要求提交的其他有关资料。

国有矿山企业转让采矿权时，还应当提交有关主管部门同意转让采矿权的批准文件。

国土资源主管部门在具体实施法律、法规和政策过程中，一般要求采矿权人在申请办理采矿权转让审批时，应当向审批管理机关提交下列资料：

（1）申请转让采矿权的报告；

（2）采矿权转让申请书；（电子报盘1份）

（3）州（市）、县（市、区）级采矿登记管理机关出具的转让申请人按规定缴纳采矿权使用费、采矿权价款及矿产资源补偿费的证明材料、采矿权权属无争议的证明材料及是否同意转让的意见；

（4）由资源税征收管理部门出具的资源税缴纳情况的证明材料；

（5）转让申请人和受让人签订的采矿权转让合同；

（6）矿区范围图、地质剖面图；（图件电子文件1份）

（7）原采矿许可证正、副本复印件；

（8）上一年度矿产资源开发利用年检报告；

（9）属国家出资勘查形成的采矿权，需提交采矿权评估报告和评估结果备案文件；

（10）申请转让的采矿权为再次转让的，需提交原转让审批文件复印件；

（11）受让人企业法人营业执照；

（12）受让人资质条件的证明材料；（资金、技术、设备等）

（13）转让审批管理机关要求提交的其他材料。

117. 申请矿业权出租时应提交哪些资料？

答：根据国土资源部《矿业权出让转让管理暂行规定》第五十一条的规定，矿业权人申请出租矿业权时应向登记管理机关提交以下材料：

（一）出租申请书；

（二）许可证复印件；

（三）矿业权租赁合同书；

（四）承租人的资质条件证明或营业执照；

（五）登记管理机关要求提交的其他有关资料。

118. 如何办理采矿权出租的注销手续？

答：根据国土资源部《矿业权出让转让管理暂行规定》第五十四条的规定，租赁关系终止后的20日内，出租人应向登记管理机关申请办理注销出租手续。

119. 矿业权抵押备案登记时应提交哪些资料？

答：国土资源主管部门在具体实施法律、法规和政策过程中，一般要求采矿权人在办理采矿权抵押备案时，应当向登记管理机关提交下列资料：

（1）采矿权抵押备案申请；

（2）采矿许可证正、副本复印件；

（3）抵押合同。

120. 如何办理矿业权抵押的解除手续？

答：根据国土资源部《矿业权出让转让管理暂行规定》第五十七条的规定，矿业权抵押解除后20日内，矿业权人应书面告知原发证机关。

121. 矿产勘查分几个阶段？

答：矿产勘查分为预查、普查、详查、勘探等四个阶段。

122. 什么是预查？

答：预查是矿产勘查的第一阶段。通过对勘查区内资料的综合研究、类比及初步野外观测、极少量的工程验证，初步了解预查区内矿产资源远景，提出可供普查的矿化潜力较大地区，并为发展地区经济提供参考资料。

123. **什么是普查？**

答：普查是矿产勘查的第二阶段。通过对矿化潜力较大地区开展地质、物探、化探工作和取样工程，以及可行性评价的概略研究，对已知矿化区作出初步评价，对有详查价值地段圈出详查区范围，为发展地区经济提供基础资料。

124. **什么是详查？**

答：详查是矿产勘查的第三阶段。对详查区采用各种勘查方法和手段，进行系统的工作和取样，并通过预可行性研究，作出是否具有工业价值的评价，圈出勘探区范围，为勘探提供依据，并为制定矿山总体规划、项目建议书提供资料。

125. **什么是勘探？**

答：勘探是矿产勘查的第四阶段，也是勘查程度最高的阶段。它是对已知具有工业价值的矿区或经详查圈出的勘探区，通过应用各种勘查手段和有效方法，加密各种采样工程以及可行性研究，为矿山建设在确定矿山生产规模、产品方案、开采方式、开拓方案、矿石加工选冶工艺、矿山总体布置、矿山建设设计等方面提供依据。

126. **什么是矿产资源储量？**

答：矿产资源储量是指经过矿产勘查和经济评价所获得的矿产资源蕴藏量的总称，是人的主观意识对客观地质体的认识。

不同阶段的矿产勘查矿产资源储量的可靠程度不同。一般情况下，预查阶段获得预测的资源量，属于潜在矿产资源；普查阶段获得推断的资源量，地质可靠程度为推断的，其可信度低；详查阶段获得控制的资源储量，可信度较高；勘探阶段获得探明资源储量，可信度高。

矿产资源储量经过经济评价，赋予其经济意义后，可分为基础储量、储量、资源量三大类十六种类型。

127. 基础储量的含义是什么？

答：基础储量是查明矿产资源的一部分。它能满足现行采矿和生产所需的指标要求（包括品位、质量、厚度、开采技术条件等），是经详查、勘探所获控制的、探明的，并通过可行性研究、预可行性研究认为属于经济的、边际经济的部分，用未扣除设计、采矿损失的数量表述。

128. 储量的含义是什么？

答：储量是指基础储量中的经济可采部分。在预可行性研究、可行性研究或编制年度采掘计划当时，经过了对经济、开采、选冶、环境、法律、市场、社会和政府等诸因素的研究及相应修改，结果表明在当时是经济可采或已经开采的部分。用扣除了设计、采矿损失的可实际开采数量表达，依据地质可靠程度和可行性评价阶段的不同，储量又可分为可采储量和预可采储量。

129. 资源量的含义是什么？

答：资源量是指查明矿产资源的一部分和潜在矿产资源。它包括经可行性研究或预可行性研究证实为次边际经济的矿产资源，以及经过勘查而未进行可行性研究或预可行性研究的内蕴经济的矿产资源和经过预查后预测的矿产资源。

130. 矿产资源法对共伴生矿的评价有什么规定？

答：《中华人民共和国矿产资源法》规定，矿产资源普查在完成主要矿种普查任务的同时，应当对工作区内包括共生或者伴生矿产的成矿地质条件和矿床工业远景作出初步综合评价；矿床勘探必须对矿区内具有工业价值的共生和伴生矿产进行综合评价，并计算其储量。

131. 勘查哪些矿种必须采用省级以上人民政府有关主管部门规定的普查、勘探方法？

答：《中华人民共和国矿产资源法》第二十六条规定：“普查、勘探易损坏的特种非金属矿产、流体矿产、易燃易爆易溶矿产和含有放射性元素的矿产，必须采用省级以上人民政府有关主管部门规定的普查、勘探方法，并有必要的技术装备和安全措施。”

132. 地质勘查分为哪两种类型？

答：地质勘查分为公益性、基础性地质调查和战略性、商业性矿产勘查。

公益性、基础性地质调查不设立探矿权，只需在探矿权登记管理机关备案，其成果资料不保密，由国土资源主管部门提供全社会有偿使用。公益性、基础性地质调查包括区域地质调查、区域矿产调查、区域地球物理调查、区域地球化学调查、航空遥感地质调查和区域水文地质调查、区域工程地质调查、区域环境地质调查、海洋地质调查等。

133. 矿产资源法对矿山企业的开采回采率、采矿贫化率和选矿回收率有什么规定？

答：开采回采率、采矿贫化率和选矿回收率应统称“三率”。“三率”是衡量矿山企业对矿产资源综合回收利用的重要指标。所以，《中华人民共和国矿产资源法》第二十九条的规定，矿山企业的开采回采率、采矿贫化率和选矿回收率应当达到设计要求。

134. 什么是开采回采率？

答：开采回采率是指采出的矿产品的重量（或体积）与地质报告记载的矿产资源储量的重量（或体积）之间的比率。

135. 什么是采矿贫化率？

答：采矿贫化率指采出矿产品的品位与地质报告记载的品位之间的比率。

136. 什么是选矿回收率？

答：选矿回收率指开采出的原矿中的有用元素或者矿物成分重量与经选矿之后选出的精矿中的有用元素或者矿物成分重量之间的比率。

137. 矿产资源法对矿山企业安全生产方面有什么规定？

答：《中华人民共和国矿产资源法》第三十一条规定："开采矿产资源，必须遵守国家劳动安全卫生规定，具备保障安全生产的必要条件。"

138. 矿山设计中哪些项目必须符合矿山安全规程和行业技术规范？

答：矿山设计中，下列项目必须符合矿山安全规程和行业技术规范：

（1）矿井的通风系统和供风量、风质、风速；

（2）露天矿的边坡角和台阶的宽度、高度；

（3）供电系统；

（4）提升、运输系统；

（5）防水、排水系统和防火、灭火系统；

（6）防瓦斯系统和防尘系统；

（7）有关矿山安全的其他项目。

139. 矿山企业必须对哪些危害安全的事故隐患采取预防措施？

答：矿山企业必须对下列危害安全的事故隐患采取预防措施：

（1）冒顶、片帮、边坡滑落和地表塌陷；

（2）瓦斯爆炸、煤尘爆炸；

（3）冲击地压、瓦斯突出、井喷；

（4）地面和井下的火灾、水灾；

（5）爆破器材和爆破作业发生的危害；

（6）粉尘、有毒有害气体、放射性物质和其他有害物质引起的危害；

（7）其他危害。

140. 矿山安全法对矿山企业职工及安全生产的特种作业人员有何要求？

答：《中华人民共和国矿山安全法》第二十六条明确要求："矿山企业必须对职工进行安全教育、培训；未经安全教育、培训的，不得上岗作业。矿山企业安全生产的特种作业人员必须接受专门培训，经考核合格取得操作资格证书的，方可上岗作业。"

141. 什么是矿产资源开采活动？井下采掘作业和露天采剥作业在安全生产方面要注意些什么？

答：矿产资源开采活动，是指在依法批准的矿区范围内从事矿产资源勘探和矿山建设、生产、闭坑及有关活动。

井下采掘作业，必须按照作业规程的规定管理顶帮。采掘作业通过地质破碎带或者其他顶帮破碎地点时，应当加强支护。

露天采剥作业，应当按照设计规定，控制采剥工作面的阶段高度、宽度、边坡角和最终边坡角。采剥作业和排土作业，不得对深部或者邻近井巷造成危害。

142. 矿山开采应当有哪些图纸资料？

答：矿山开采应当有下列图纸资料：

（1）地质图（包括水文地质图和工程地质图）；

（2）矿山总布置图和矿井井上、井下对照图；

（3）矿井、巷道、采场布置图；

（4）矿山生产和安全保障的主要系统图。

143. 矿山使用哪些设备、器材、防护用品和安全检测仪器？应当符合哪些要求？

答：矿山使用的下列设备、器材、防护用品和安全检测仪器，应当符合国家安全标准或者行业安全标准；不符合国家安全标准或者行业安全标准的，不得使用：

（1）采掘、支护、装载、运输、提升、通风、排水、瓦斯抽放、压缩空气和起重设备；

（2）电动机、变压器、配电柜、电器开关、电控装置；

（3）爆破器材、通讯器材、矿灯、电缆、钢丝绳、支护材料、防火材料；

（4）各种安全卫生检测仪器仪表；

（5）自救器、安全帽、防尘防毒口罩或者面罩、防护服、防护鞋等防护用品和救护设备；

（6）经有关主管部门认定的其他有特殊安全要求的设备和器材。

144. 矿长应具备何种安全知识？

答：矿长必须具备矿山安全知识、实践经验和领导矿山安全生产、处理矿山事故的能力，并按照国家规定由有关主管部门培训、考核、发给资格证书。未取得资格证书的不得上岗。

145. 矿长对本企业的安全生产负有什么责任？

答：矿长（含矿务局局长、矿山公司经理）对本企业的安全生产工作负有下列责任：

（1）认真贯彻执行《中华人民共和国矿山安全法》及其实施条例以及其他法律、法规中有关矿山安全生产的规定；

（2）制定本企业安全生产管理制度；

（3）根据需要配备合格的安全工作人员，对每个行业场所进行跟班检查；

（4）采取有效措施，改善职工劳动条件，保证安全生产所需要的材料、设备、仪器和劳动防护用品的及时供应；

（5）依照《中华人民共和国矿山安全法实施条例》的规定，对职工进行安全教育、培训；

（6）制订矿山灾害的预防和应急计划；

（7）及时采取措施，处理矿山存在的事故隐患；

（8）及时、如实向劳动行政主管部门和管理矿山企业的主管部门报告矿山事故。

146. 我国法律对矿山作业场所空气中的有毒有害物质的浓度的定期检测有什么要求？

答：《中华人民共和国矿山安全法实施条例》第十六条规定，矿山企业场所空气中的有毒有害物质的浓度，不得超过国家标准或者行业标准；矿山企业应当按照国家规定的方法，按照下列要求定期检测：

（一）粉尘作业点，每月至少检测两次；

（二）三硝基甲苯作业点，每月至少检测一次；

（三）放射性物质作业点，每月至少检测三次；

（四）其他有毒有害物质作业点，井下每月至少检测一次，地面每季度至少检测一次；

（五）采用个体采样方法检测呼吸性粉尘的，每季度至少检测一次。

147. 矿山企业职工在安全生产方面享有哪些权利？

答：矿山企业职工在安全生产方面享有下列权利：

（1）有权获得作业场所安全与职业危害方面的信息；

（2）有权向有关部门和工会组织反映矿山安全状况和存在的问题；

（3）对任何危害职工安全健康的决定和行为，有权提出批评、检举和控告。

148. 矿山企业职工在安全生产方面应当履行哪些义务？

答：矿山企业职工在安全生产方面应当履行下列义务：

（1）遵守有关矿山安全的法律、法规和企业规章制度；

（2）维护矿山企业的生产设备、设施；

（3）接受安全教育和培训；

（4）及时报告危险情况，参加抢险救护。

149. 我国法律对矿山企业的职工进行安全教育有什么要求？

答：《中华人民共和国矿山安全法实施条例》第三十五条规定，矿山企业应当按照下列规定对职工进行安全教育、培训：

（一）新进矿山的井下作业职工，接受安全教育、培训的时间不得少于72小时，考试合格后，必须在有安全工作经验的职工带领下工作满4个月，然后经再次考核合格，方可独立工作；

（二）新进露天矿的职工，接受安全教育、培训的时间不得少于40小时，经考试合格后，方可上岗作业；

（三）对调换工种和采用新工艺作业的人员，必须重新培训，经考试合格后，方可上岗作业；

（四）所有生产作业人员，每年接受在职安全教育、培训的时间不少于20小时。

职工安全教育、培训期间，矿山企业应当支付工资。

职工安全教育、培训情况和考核结果，应当记录存档。

150. 矿山企业对职工的安全教育、培训应当包括哪些内容？

答：《中华人民共和国矿山安全法实施条例》第三十六条规定，矿山企业对职工的安全教育、培训应当包括下列内容：

（一）《矿山安全法》及本条例赋予矿山职工的权利与义务；

（二）矿山安全规程及矿山企业有关安全管理的规章制度；

（三）与职工本职工作有关的安全知识；

（四）各种事故征兆的识别、发生紧急危险情况时的应急措施和撤退路线；

（五）自救装备的使用和有关急救方面的知识；

（六）有关主管部门规定的其他内容。

151. 矿山企业的哪些作业人员属于矿山特种作业人员？

答：根据《中华人民共和国矿山安全法实施条例》第三十七条的规定，矿山特种作业人员包括瓦斯检查工、爆破工、通风工、信号工、拥罐工、电工、金属焊接（切割）工、矿井泵工、瓦斯抽放工、主扇风机操作工、主提升机操作工、绞车操作工、输送机操作工、尾矿工、安全检查工和矿内机动车司机等。

152. 矿山保障安全生产、预防事故和职业危害的安全设施应符合哪些基本要求？

答：《中华人民共和国矿山安全法实施条例》第十条规定，矿山应当有保障安全生产、预防事故和职业危害的安全设施，并符合下列基本要求：

（一）每个矿井至少有两个独立的能行人的直达地面的安全出口。矿井的每个生产水平（中段）和各个采区（盘区）至少有两个能行人的安全出口，并与直达地面的出口相通。

（二）每个矿井有独立的采用机械通风的通风系统，保证井下作业场所有足够的风量；但是，小型非沼气矿井在保证井下作业场所所需风量的前提下，可以采用自然通风。

（三）井巷断面能满足行人、运输、通风和安全设施、设备的安装、维修及施工需要。

（四）井巷支护和采场顶板管理能保证作业场所的安全。

（五）相邻矿井之间、矿井与露天矿之间、矿井与老窑之间留有足够的安全隔离矿柱。矿山井巷布置留有足够的保障井上和井下安全的矿柱或者岩柱。

（六）露天矿山阶段高度、平台宽度和边坡角能满足安全作业和边坡稳定的需要。船采沙矿的采池边界与地面建设物、设备之间有足够的安全距离。

（七）有地面和井下的防水、排水系统，有防止地表水泄入井下和露天采场的措施。

（八）溜矿井有防止和处理堵塞的安全措施。

（九）有自然发火可能性的矿井，主要运输巷道布置在岩层或者不易自然发火的矿层内，并采用预防性灌浆或者其他有效的预防自然发火的措施。

（十）矿山地面消防设施符合国家有关消防的规定。矿井有防灭火设施和器材。

（十一）地面及井下供配电系统符合国家有关规定。

（十二）矿山提升运输设备、装置及设施符合下列要求：

（1）钢丝绳、连接装置、提升容器以及保险链有足够的安全系数；

（2）提升容器与井壁、罐道梁之间及两个提升容器之间有足够的间隙；

（3）提升绞车和提升容器有可靠的安全保护装置；

（4）电机车、架线、轨道的选型能满足安全要求；

（5）运送人员的机械设备有可靠的安全保护装置；

（6）提升运输设备有灵敏可靠的信号装置。

（十三）每个矿井有防尘供水系统。地面和井下所有产生粉尘的作业地点有综合防尘措施。

（十四）有瓦斯、矿尘爆炸可能性的矿井，采用防爆电器设备，并采取防尘和隔爆措施。

（十五）开采放射性矿物的矿井，符合下列要求：

（1）矿井进风量和风质能满足降氡的需要，避免串联通风和污风循环；

（2）主要进风道开在矿脉之外，穿矿脉或者岩体裂隙发育的进风巷道有防止氡析出的措施；

（3）采用后退式回采；

（4）能防止井下污水散流，并采取封闭的排放污水系统。

（十六）矿山储存爆破材料的场所符合国家有关规定。

（十七）排土场、矸石山有防止发生泥石流和其他危害的安全措施，尾矿库有防止溃坝等事故的安全设施。

（十八）有防止山体滑坡和因采矿活动引起地表塌陷造成危害的预防措施。

（十九）每个矿井配置足够数量的通风检测仪表和有毒有害气体与井下环境检测仪器。开采有瓦斯突出的矿井，装备监测系统或者检测仪器。

（二十）有与外界相通的、符合安全要求的运输设施和通讯设施。

（二十一）有更衣室、浴室等设施。

153. 县级以上人民政府安全生产行政主管部门对矿山安全工作行使哪些管理职责？

答：根据《中华人民共和国矿山安全法》第三十三条的规定，县级以上各级人民政府安全生产行政主管部门对矿山安全工作行使下列监督职责：

（一）检查矿山企业和管理矿山企业的主管部门贯彻执行矿山安全法律、法规的情况；

（二）参加矿山建设工程安全设施的设计审查和竣工验收；

（三）检查矿山劳动条件和安全状况；

（四）检查矿山企业职工安全教育、培训工作；

（五）监督矿山企业提取和使用安全技术措施专项费用的情况；

（六）参加并监督矿山事故的调查和处理；

（七）法律、行政法规规定的其他监督职责。

154. 发生矿山事故应怎么处理？

答：（1）发生矿山事故，矿山企业必须立即组织抢救，防止事故扩大，减少人员伤亡和财产损失，对伤亡事故必须立即如实报告劳动行政主管部门和管理矿山企业的主管部门。

（2）发生一般矿山事故，由矿山企业负责调查和处理。发生重大矿山事故，由政府及其有关部门、工会和矿山企业按照行政法规的规定进行调查和处理。

（3）矿山企业对矿山事故中伤亡的职工按照国家规定给予抚恤或者补偿。

（4）矿山事故发生后，应当尽快消除现场危险，查明事故原因，提出防范措施。现场危险消除后，方可恢复生产。

155. 矿山企业开采矿产资源，应如何保护环境？

答：矿山企业开采矿产资源，必须遵守有关环境保护的法律规定，防止污染环境。应当节约用地。耕地、草原、林地因采矿受到破坏的，矿山企业应当因地制宜地采取复垦利用、植树种草或者其他利用措施。

156. 违反矿产资源管理规范的，应承担什么责任？

答：违反矿产资源管理规范的，应承担民事责任、行政责任、刑事责任。

157. 我国法律规定了哪几种承担民事责任的方式？

答：《中华人民共和国民法通则》规定了 10 种承担民事责任的方式：停止侵害；排除妨碍；消除危险；返还财产；恢复原状；修理、重作、更换；赔偿损失；支付违约金；消除影响、恢复名誉；赔礼道歉。

在矿产资源勘查开采中，因违反了矿产资源管理法律法规或者其他法律规范，应承担民事责任的，按照上述10种方式的一种或者几种方式承担民事责任。

158. **探矿权人取得临时土地使用权后，在勘查过程中给他人造成财产损害的，如何给以补偿？**

答：根据《中华人民共和国矿产资源法实施细则》第二十一条的规定，探矿权人取得临时使用土地权后，在勘查过程中给他人造成财产损害的，按照下列规定给以补偿：

（一）对耕地造成损害的，根据受损害的耕地面积前三年平均年产量，以补偿时当地市场平均价格计算，逐年给以补偿，并负责恢复耕地的生产条件，及时归还；

（二）对牧区草场造成损害的，按照前项规定逐年给以补偿，并负责恢复草场植被，及时归还；

（三）对耕地上的农作物、经济作物造成损害的，根据受损害的耕地面积前三年平均年产量，以补偿时当地市场平均价格计算，给以补偿；

（四）对竹木造成损害的，根据实际损害株数，以补偿时当地市场平均价格逐株计算，给以补偿；

（五）对土地上的附着物造成损害的，根据实际损害的程度，以补偿时当地市场价格，给以适当补偿。

159. **在矿产资源勘查开采及相关活动中，因违反矿产资源法及相关法律法规的规定的，应当受到的行政处罚是什么？**

答：在矿产资源勘查开采及相关活动中，因违反《中华人民共和国矿产资源法》及相关法律法规的强制性规定的，应当受到的行政处罚有：没收采出的矿产品和违法所得、罚款、停产（停止开采）、吊销勘查许可证、吊销采矿许可证。

160. **在矿产资源勘查开采中，哪些违反法律规定的行为应当受到没收采出的矿产品和违法所得的行政处罚？**

答：实施了无证勘查、越界勘查、无证采矿、越界采矿四种行为，获得违法所得或违法采出的矿产品的，应当受到没收采出的矿产品和违法所得的行政处罚。

没收采出的矿产品和违法所得的行政处罚，由违法行为地的县级国土资源主管部门决定。

161. **在矿产资源勘查开采及相关活动中，因违反矿产资源法及相关法律法规的哪些强制性规定，应当受到罚款的行政处罚？**

答：《中华人民共和国矿产资源法》及相关法律法规对于应当给予罚款的行政处罚的强制性规定较多，可归纳为以下几类：

（1）实施了无证勘查、越界勘查、无证采矿、越界采矿四种行为，除处以没收采出的矿产品和违法所得之外，可以并处罚款；

并处罚款的行政处罚，由违法行为地的县级国土资源主管部门决定。罚款数额为5 000～100 000元；

（2）实施了采取破坏性的开采办法开采矿产资源的行为，由违法行为地的省级国土资源主管部门决定处以相当于矿产资源损失的50%以下的罚款；

（3）实施了矿产资源法及相关法律法规关于矿产资源勘查管理、开采管理、安全生产管理、社会治安管理、工商行政管理等方面的强制性规定，分别由违法行为地的县级国土资源主管部门、安全生产主管部门、社会治安主管部门、工商行政主管部门决定，处以50 000元以下罚款。

162. 哪些违法行为，应当受到吊销《勘查许可证》的行政处罚？

答：探矿权人有下列行为之一，应当受到吊销《勘查许可证》的行政处罚：

（1）违反《中华人民共和国矿产资源法》第六条的规定，将探矿权倒卖牟利的；

（2）采取破坏性的开采方法开采矿产资源的；

（3）不按照规定备案、报告有关情况、拒绝接受监督检查或者弄虚作假，情节严重的；

（4）未完成最低勘查投入，情节严重的；

（5）已经领取《勘查许可证》的勘查项目，满 6 个月未开始施工，或者施工后无故停止勘查工作满 6 个月的；

（6）违反法律规定，不办理《勘查许可证》变更登记或者注销登记手续，经登记管理机关责令限期改正，逾期不改正的；

（7）违反法律规定，不按期缴纳依法应当缴纳的费用，经登记管理机关责令限期缴纳，逾期仍不缴纳的；

（8）未经审批管理机关批准，擅自转让探矿权，情节严重的。

吊销《勘查许可证》的行政处罚由颁发《勘查许可证》的国土资源主管部门决定。

163. 哪些违法行为，应当受到吊销《采矿许可证》的行政处罚？

答：采矿权人有下列行为之一，应当受到吊销《采矿许可证》的行政处罚：

（1）违反《中华人民共和国矿产资源法》第六条的规定，将采矿权倒卖牟利的；

（2）超越批准的矿区范围采矿，经国土资源主管部门责令退回本矿区范围内开采，拒不退回本矿区范围内开采，造成矿产资源破坏的；

(3) 不依照法律规定提交年度报告、拒绝接受监督检查或者弄虚作假，情节严重的；

(4) 违反法律规定，不按期缴纳依法应当缴纳的费用，由登记管理机关责令限期缴纳，逾期仍不缴纳的；

(5) 违反法律规定，不办理《采矿许可证》变更登记或者注销登记手续的，由登记管理机关责令限期改正，逾期不改正的；

(6) 未经审批管理机关批准，擅自转让采矿权，情节严重的；

(7) 违反法律规定，以承包等方式擅自将采矿权转给他人进行采矿，情节严重的；

(8) 矿山建设工程安全设施的设计未经批准擅自施工的，由管理矿山企业的主管部门责令停止施工，拒不执行的；

(9) 矿山建设工程的安全设施未经验收或者验收不合格擅自投入生产，由劳动行政主管部门会同管理矿山企业的主管部门责令停止生产，拒不停止生产的；

(10) 已经投入生产的矿山企业，不具备安全生产条件而强行开采，由劳动行政主管部门会同管理矿山企业的主管部门责令限期改进，逾期仍不具备安全生产条件的。

吊销《采矿许可证》的行政处罚，由颁发《采矿许可证》的国土资源主管部门决定。

164. 采矿权人在规定的期限内，未足额缴纳矿产资源补偿费的，应如何处罚？

答：根据国务院《矿产资源补偿费征收管理规定》第十四条的规定，采矿权人在规定期限内未足额缴纳矿产资源补偿费的，由征收机关责令限期缴纳，并从滞纳之日起按日加收滞纳补偿费2‰的滞纳金。采矿权人未按照前述规定缴纳矿产资源补偿费和滞纳金的，由征收机关处以应当缴纳的矿产资源补偿费3倍以下的罚款；情节严重的，由采矿许可证颁发机关吊销其《采矿许可证》。

165. 采矿权人采取伪报矿种等手段不缴或者少缴矿产资源补偿费的，应如何处罚？

答：根据国务院《矿产资源补偿费征收管理规定》第十五条的规定，采矿权人采取伪报矿种，隐匿产量、销售数量，或者伪报销售价格、实际开采回采率等手段，不缴或者少缴矿产资源补偿费的，由征收机关追缴应当缴纳的矿产资源补偿费，并处以应当缴纳的矿产资源补偿费5倍以下的罚款；情节严重的，由采矿许可证颁发机关吊销其《采矿许可证》。

166. 矿山建设工程安全设施的设计未经批准擅自施工的，应如何处罚？

答：矿山建设工程安全设施的设计未经批准擅自施工的，由管理矿山企业的主管部门责令停止施工；拒不执行的，由管理矿山企业的主管部门提请县级以上人民政府决定由有关主管部门吊销其《采矿许可证》和营业执照。

167. 矿山建设工程的安全设施，未经验收或者验收不合格，擅自投入生产的，应如何处罚？

答：矿山建设工程的安全设施未经验收或者验收不合格擅自投入生产的，由劳动行政主管部门会同管理矿山企业的主管部门责令停止生产，并由劳动行政主管部门处以罚款；拒不停止生产的，由劳动行政主管部门提请县级以上人民政府决定由有关主管部门吊销其《采矿许可证》和营业执照。

168. 对不具备安全条件强行开采的矿山企业，应如何处罚？

答：已经投入生产的矿山企业，不具备安全生产条件而强行开采的，由劳动行政主管部门会同管理矿山企业的主管部门责令限期改进；逾期仍不具备安全生产条件的，由劳动行政主管部门提请县级以上人民政府决定责令停产整顿或者由有关主管部门吊销其《采矿许可证》或者营业执照。

169. 政府主管部门对矿产资源违法行为给以哪几种行政处罚之前，应进行听证？

答：根据《中华人民共和国行政处罚法》第四十二条的规定，行政机关作出责令停产停业、吊销许可证或者执照、较大数额罚款（罚款3万元及以上）等行政处罚决定之前，应当告知当事人有要求举行听证的权利；当事人要求听证的，行政机关应当组织听证。

对矿产资源违法行为，政府主管部门拟决定对当事人作出3万元以上的罚款，或者作出吊销勘查许查证、吊销采矿许查证的行政处罚前，应当告知当事人有要求举行听证的权利，当事人要求听证的，行政机关应当组织听证。

170. 我国刑法对矿产资源违法行为规定了几个罪名？各应承担什么刑事责任？

答：我国刑法对矿产资源违法行为规定了两个罪名，分别为非法采矿罪和破坏性采矿罪。

刑法第三百四十三条第一款规定：非法采矿罪"处三年以下有期徒刑、拘役，或者管制，并处或者单处罚金；造成矿产资源严重破坏的，处三年以上七年以下有期徒刑，并处罚金"。

依照刑法第三百四十三条第二款的规定：破坏性采矿罪"处5年以下有期徒刑或者拘役，并处罚金"。

171. 什么是非法采矿罪，非法采矿罪的犯罪构成是什么？

答：非法采矿罪是指违反《中华人民共和国矿产资源法》的规定，未取得《采矿许可证》擅自采矿；擅自进入国家规划矿区、对国民经济具有重要价值的矿区和他人矿区范围采矿；擅自开采国家规定实行保护性开采的特定矿种，经责令停止开采后拒不停止开采，造成矿产资源破坏，应当受到刑事处罚的行为。

非法采矿罪的犯罪构成包括以下四个方面：

（1）非法采矿罪在客观方面表现为：

① 无证开采，即没有经过法定程序取得《采矿许可证》而擅自采矿的行为；

② 擅自进入国家规划矿区、对国民经济具有重要价值的矿区和他人矿区采矿的行为；

③擅自开采国家规定实行保护性开采的特定矿种。

行为人实施上述三种行为中的一种，并且经责令停止开采后拒不停止开采，即 成了非法采矿罪客观方面的要件。

（2）非法采矿罪主观方面表现为故意，过失不能构成本罪。这种故意是指行为人明知其非法采矿行为会造成矿产资源的破坏而故意为之，通常具有牟取非法利益的目的。

（3）非法采矿罪的主体是实施非法采矿行为的单位或个人。

（4）非法采矿罪侵犯的客体是国家的矿产资源所有权，政府主管部门的行政管理权，其他矿业权人的探矿权或者采矿权。

172. 什么是破坏性采矿罪，破坏性采矿罪的犯罪构成是什么？

答：破坏性采矿罪是指违反《中华人民共和国矿产资源法》的规定，采取破坏性的开采方法开采矿产资源，造成矿产资源严重破坏，应当受到刑事处罚的行为。

破坏性采矿罪的犯罪构成包括以下四个方面：

（1）破坏性采矿罪在客观方面表现为采取破坏性的开采方法开采矿产资源；

（2）破坏性采矿罪主观方面表现为故意，过失不能构成本罪。这种故意是指行为人明知其非法采矿行为会造成矿产资源的破坏而故意为之，通常具有牟取非法利益的目的；

（3）破坏性采矿罪的主体是实施非法采矿行为的单位和个人；

（4）破坏性采矿罪侵犯的客体是国家的矿产资源所有权，以及政府主管部门的行政管理权。

173. 非法采矿罪、破坏性采矿罪的追诉标准是多少？

答：《最高人民法院关于审理非法采矿、破坏性采矿刑事案件具体应用法律若干问题的解释》第三条规定，非法采矿造成矿产资源破坏的价值，数额在5万元以上的，属于刑法第三百四十三条第一款规定的“造成矿产资源破坏”；数额在30万元以上的，属于刑法第三百四十三条第一款规定的“造成矿产资源严重破坏”。该司法解释第五条规定，破坏性采矿造成矿产资源破坏的价值，数额在30万元以上的，属于刑法第三百四十三条第二款规定的“造成矿产资源严重破坏”。

根据上述司法解释，实施非法采矿行为，造成矿产资源破坏的价值达到5万元以上的，应按非法采矿罪给予刑事处罚；实施采取破坏性的开采方法开采矿产资源行为，造成矿产资源破坏的价值达到30万元以上的，应按破坏性采矿罪给予刑事处罚。

174. 矿山企业主管人员有哪些安全生产违法行为应当依照刑法追究刑事责任？

答：矿山企业主管人员有下列违法行为，构成犯罪的，应当依照刑法追究刑事责任：

（1）矿山企业主管人员违规指挥、强令工人冒险作业，因而发生重大伤亡事故的；

（2）矿山企业主管人员对矿山事故隐患不采取措施，因而发生重大伤亡事故的。

第二部分　案例评析

本部分共选择了六个案例进行评析。其中两个行政复议案，四个诉讼案。

案例1

行政许可决定应依照法定职权按法定程序作出

【案情简介】

1997年，源泉矿业有限公司（以下简称源泉公司）取得G省Q州B县平坝铁矿的采矿权，由原G省矿产资源管理委员会颁发了《采矿许可证》，矿区面积为0.015平方公里，采矿期限自1997年10月31日至1998年10月31日。在此期间，源泉公司对该矿区做了小矿地质检测工作，认为该矿区储量小、原矿石含硫量偏高，加之当时市场铁矿销售价格偏低，没有必要再办证开发，于是在采矿期限届满后没有申请换证。源泉公司在没有办理采矿权延续登记的情况下，仍继续在该矿区开采。1999年至2004年，B县原矿管办及新组建的国土资源局每年均向源泉公司下达生产任务，并收取源泉公司平坝铁矿的矿产资源补偿费、采矿权使用费。在此期间，源泉公司对矿区的基础设施进行了建设，投入巨资修建了矿区公路、架设高压电线路、建盖选矿厂、职工宿舍等。

2003年1月，源泉公司另一矿山洪山铁矿的《采矿许可证》到期，因洪山铁矿与平坝铁矿相邻，源泉公司向县国土资源局提交了关于扩大洪山铁矿矿区范围的申请，请求借洪山铁矿《采矿许可证》到期办理延续登记之机，将平坝铁矿矿区划归洪山铁矿，统一办理《采矿许可证》。县国土资源局对此作出批复，同意源泉公司的申请，将两个矿区统一命名为“洪山铁矿”，要求源泉公司于6月30日前提交相关图纸、报告及有关部门的审批意见等材料。源泉公司未在指定期限内报送相关材料。

2003年5月，南方矿业开发公司（以下简称南方公司）向G省国土资源厅提交了洪山—平坝铁矿探矿权的申请，G省国土资源厅即向Q州国土资源局发出了《采矿权设置情况调查表》，对南方公司探矿权申请区块内采矿权的设置情况进行调查。B县国土资源局对调查内容做了回复，说明该区块范围内已有源泉公司设置的洪山铁矿的合法采矿权，并注明该采矿权正在办理延期登记，但未对平坝铁矿原有的矿权设置情况及现在被源泉公司实际开采的情况进行说明。Q州国土资源局签署了“同意县局意见”后上报给G省国土资源厅。G省国土资源厅在2004年2月向南方公司颁发了洪山—平坝铁矿的《勘查许可证》，核定取得探矿权的勘查面积为9.56平方公里，南方公司的探矿权范围将源泉公司开采的平坝铁矿0.015平方公里全部覆盖。

源泉公司认为G省国土资源厅发给南方公司的探矿权侵犯了自己的合法权益，遂向G省人民政府法制办公室提出行政复议申请。

【复议情况】

源泉公司以G省国土资源厅作为被申请人，南方公司作为第三人，要求被申请人撤销第三人的探矿权许可手续，依法将平坝铁矿0.015平方公里矿区的采矿权许可给申请人源泉公司，请求复议机关依法责令被申请人G省国土资源厅为申请人办理采矿权延续登记手续。

被申请人G省国土资源厅对申请人源泉公司的行政复议申请作出如下答复：

一、请求撤销第三人南方公司的探矿权许可手续的复议请求缺乏事实根据和法律依据。被申请人向第三人颁发的《勘查许可证》是依照法律规定批准的，第三人提供的申请材料齐全、合法，被申请人也依法作了必要的调查，申请人的申请范围内只有洪山铁矿一个合法的采矿权，并不包含平坝铁矿。登记机关向第三人颁发的勘查许可证已经剔出了洪山铁矿的开采区域，不存在重复设置矿权的情况。

二、申请人办理采矿权延续登记的请求不符合采矿权延续登记的必备要件。从登记机关的档案和申请人提交的申请材料中，根本没有平坝铁矿这个合法矿业权人存在，若其目前存在，必属非法采矿，应予查处，谈不上采矿权延续登记。再者，申请延续登记，应直接向有权机关申请办理，但被申请人至今未收到平坝铁矿的申请延续登记材料。所以，建议省人民政府法制办公室维持被申请人原具体行政行为。

G省人民政府行政复议决定书认为，B县国土资源局未如实将平坝铁矿的实际情况和县国土资源局批复同意申请人办理扩大洪山铁矿的事实上报被申请人，导致被申请人的调查结论缺乏真实性和完整性，向第三人颁发的《勘查许可证》的勘查区范围覆盖了申请人已实际取得采矿权的范围，对此，应由省、州、县三级国土资源主管部门负责。因此，行政复议决定书决定：责成被申请人指导州、县国土部门对申请人与第三人之间发生的平坝铁矿探矿权、采矿权争议尽快依法处理，并在此基础上重新办理有关探矿权、采矿权登记手续。

【评析】

G省人民政府的行政复议决定书从规范行政机关的行政行为和保护管理相对人合法权益的角度出发，指出了B县国土资源局未如实、全面地将平坝铁矿的实际情况上报G省国土资源厅，G省国土资源厅的调查结论缺乏真实性和完整性等错误，并将造成本案矿权争议的责任归向由省、州、县三级国土资源主管部门负责，责成G省国土资源厅指导州、县国土资源主管部门对源泉公司与南方公司之间发生的平坝铁矿探矿权、采矿权争议尽快依法处理，并在此基础上重新办理有关探矿权、采矿权登记手续。

G省人民政府的行政复议决定既体现了政府对行政机关依法行政的严格要求，又体现了保护管理相对人合法权益的法制精神，无疑是正确的。但G省人民政府的行政复议决定书没有指出B县国土资源局在源泉公司于平坝铁矿原采矿许可证有效期届满之后，继续按采矿权人对源泉公司进行管理——下达生产任务，收取平坝铁矿的矿产资源补偿费和采矿权使用费，以及越权批复同意将平坝铁矿矿区并入洪山铁矿等，具行政行为的行政违法性；没有指出源泉公司在原采矿许可证有效期届满后，既没有按法定期限办理采矿权延续登记，又没有在B县国土资源批复中限定的期限提交采矿登记的资料，是引起矿权争议的主要原因之一。

按照《中华人民共和国矿产资源法》及相关法规的规定，开采矿产资源，缴纳矿产资源补偿费、采矿权使用费是采矿权人的主要权利义务。源泉公司在平坝铁矿原《采矿许可证》有效期届满之后，继续在平坝铁矿采矿属无证采矿，应当承担相应的法律责任——没收采出的矿产品、警告、罚款。而不是履行采矿权人的权利义务——开采矿产资源、缴纳矿产资源补偿费、采矿权使用费。

由于B县国土资源局将源泉公司在平坝铁矿原《采矿许可证》有效期届满之后继续实施采矿行为的法律性质上作出了错误的判断，在平坝铁矿采矿权灭失之后长达5年多的时间里，不但没有对源泉公司无证采矿行为进行处罚，反而将源泉公司作为平坝铁矿的采矿权人进行管理——向源泉公司作下达生产任务，收取平坝铁矿的矿产资源补偿费、采矿权使用费，并批复同意源泉公司借办理洪山铁矿延续登记之机，将平坝铁矿矿区并入洪山铁矿。

B县国土资源局不对源泉公司无证采矿行为进行处罚，属行政不作为，放弃了法律赋予的监管责任。B县国土资源局在源泉公司原平坝铁矿《采矿许可证》有效期届满之后，仍向源泉公司作下达生产任务，收取平坝铁矿的矿产资源补偿费、采矿权使用费，并批复同意源泉公司借办理洪山铁矿延续登记之机，将平坝铁矿矿区并入洪山铁矿。实质上是作出了一个允许源泉公司继续在平坝铁矿采矿的行政许可决定。

按照我国矿产资源法及配套法规的规定，包括铁矿在内的34个矿种的开采由国土资源部和省级国土资源主管部门审批，县级国土资源主管部门只能审批开采零星分散的用于普通建筑材料的矿产资源。B县国土资源局许可源泉公司继续在平坝铁矿采矿超越了法定职权。

源泉公司在B县国土资源局的越权许可下，实际履行了平坝铁矿采矿权人的权利义务——开采铁矿，缴纳矿产资源补偿费和采矿权使用费，形成了对平坝铁矿采矿权的“实际取得”的状态。

按照《中华人民共和国行政许可证法》的规定，超越法定职权作出准予的行政许可决定，可以由作出行政许可决定的行政机关或者其上级行政机关，根据利害关系人的请求或者依据职权，撤销该行政许可。因此，源泉公司对平坝铁矿采矿权的“实际取得”并不当然地会受到法律的保护。

按照《中华人民共和国矿产资源法》第三条规定：“勘查、开采矿产资源，必须依法分别申请、经批准取得探矿权、采矿权，并办理登记。”源泉公司要取得法律对平坝铁矿采矿权的保护，需做两件事：向G省国土资源厅申请取得平坝铁矿采矿权；经省国土资源厅批准之后，办理采矿权登记登记。

如果G省国土资源厅批准了源泉公司的申请，源泉公司办理了采矿权登记，则源泉公司对平坝铁矿采矿权由所谓“实际取得”变为“依法登记”，受法律保护。

如果G省国土资源厅不批准源泉公司的申请，并撤销B县国土资源局的越权许可，则源泉公司失去对平坝铁矿采矿权的“实际取得”地位。如果继续在平坝铁矿采矿，则应受到“无证采矿”的行政处罚。

G省国土资源厅在不知道B县国土资源局已经越权许可源泉公司继续开采平坝铁矿的情况下，颁发给南方公司的洪山—平坝铁矿的《勘查许可证》核定的勘查区覆盖了平坝铁矿矿区范围。于是出现了本案的矿权争议。

假如G省国土资源厅坚持其在本案行政复议中的答辩意见，不认可B县国土资源局同意源泉公司继续开采平坝铁矿的越权许可行为。G省国土资源厅应先依职权撤销B县国土资源局同意源泉公司继续开采平坝铁矿的越权许可决定，然后再作出准予南方公司勘查洪山—平坝铁矿的行政许可决定。

G省国土资源厅在没有撤销B县国土资源局同意源泉公司继续开采平坝铁矿的越权许可决定的情况下，作出的准予南方公司勘查洪山—平坝铁矿的行政许可决定，违反了法律规定的程序，也属可以撤销的行政许可。

G省人民政府通过行政复议，责成被申请人指导州、县国土部门对申请人与第三人之间发生的平坝铁矿探矿权、采矿权争议尽快依法处理，并在此基础上重新办理有关探矿权、采矿权登记手续，既撤销了B县国土资源局超越职权同意源泉公司继续开采平坝铁矿的行政许可决定，又撤销了G省国土资源厅违反法定程序批准南方公司勘查洪山—平坝铁矿的行政许可决定。

至于复议申请人源泉公司的另外两项复议请求：依法将平坝铁矿0.015平方公里矿区的采矿权许可给申请人源泉公司，请求复议机关依法责令被申请人G省国土资源厅为申请人办理采矿权延续登记手续。则因为申请人并没有按法定程序向G省国土资源厅正式提出采矿权申请，G省国土资源厅并没有针对源泉公司平坝铁矿采矿权作出任何行政决定，不属于本案复议的范围。G省人民政府行政复议决定没有支持申请人源泉公司这两项复议请求，是符合法律规定的。

案例2

依法成立的采矿权转让合同具有法律约束力

【案情简介】

2006年10月5日，云红矿业公司与孟成矿产公司协商一致，签订了《采矿权转让合同》。合同约定：由云红矿业公司将其所持有的大村铁矿采矿权以600万元的价格转让给孟成矿产公司；合同还约定：合同签订后三日内由孟成矿产公司将预付款200万元支付给云红矿业公司，余款400万元在孟成矿产公司接手矿山后三日内支付完毕。云红矿业公司收到预付款后应立即到有关部门办理采矿权转让的相关申报、批准手续，手续办妥后即由孟成矿产公司接手矿山，进行生产经营。同时，合同中还约定如任何一方违约，将承担100万元的违约金。

合同签订次日，孟成矿产公司即将200万元预付款支付给云红矿业公司，但是，云红矿业公司收到预付款后，却不履行自己的义务，不到有关部门申办采矿权转让手续。孟成矿业公司多次去找云红矿业公司负责人，该公司人员不是避而不见，就是以矿山上还有人的分坑承包期限未到为由，加以推托。时过一年多，孟成矿产公司感到靠云红矿业公司办理采矿权转让手续已无可能。只好向云红矿业公司提出退赔预付款的要求，但云红矿业公司却找各种借口拒不退款。无奈之下，孟成矿业公司向N市中级人民法院提起诉讼。请求人民法院：1. 解除双方签订的《采矿权转让合同》；2. 判令云红矿业公司返还预付款200万元；3. 判令云红矿业公司承担100万元违约金。

【审理情况】

N市中级人民法院受理该案后。被告云红矿业公司在答辩时提出，同意解除《采矿权转让合同》，并愿意退还预付款，但对原告提出的100万元违约金的诉讼请求提出异议。理由为：我国法律规定矿业权转让合同只有经国家批准方能生效，双方签订的合同未经批准，尚未生效，当事人只有违反了生效的合同约定才应该承担违约责任，没有生效的合同就没有法律效力，也就不存在要承担违约金的问题。

法院审理后认为：原被告双方平等自愿协商签订的采矿权转让合同是依法成立的，对双方当事人均具有法律约束力。虽然采矿权转让须申请审批管理机关批准方能生效，但就合同而言，其旨在确定双方当事人为转让采矿权应尽的义务和享有的权利。依法成立的合同具有法律约束力，原告已按合同约定支付了200万元预付款，而被告不按合同约定到审批管理机关办理采矿权转让的有关的申请、审批手续，更无从谈起得到审批管理机关的批准。对于被告的不作为，理应向原告承担违约责任。遂即根据《中华人民共和国合同法》第八条、第九十四条、第一百一十四条之规定，判决如下：

一、解除原告孟成矿产公司与被告云红矿业公司2006年10月5日签订的《采矿权转让合同》。

二、由被告云红矿业公司十日内返还原告孟成矿产公司200万元转让金。

三、由被告云红矿业公司承担违约金100万元。

判决送达后，被告云红矿业公司未上诉。

【评析】

本案涉及了一个重要的法律问题，即：应当办理批准、登记等手续生效的合同，在未获批准或者登记前，合同双方当事人是否应当遵守合同约定，合同当事人违反合同约定，应否承担违约责任。

本案原被告双方签订的《采矿权转让合同》属于行政法规规定应当办理批准手续生效的合同。这类合同与其他附生效条件合同的区别在于：合同双方应当按照约定，向行政机关申请办理批准手续或者登记手续，即用积极的作为来促成合同生效。而不是消极地等待生效条件的出现——当事人不主动向行政机关提出批准申请，行政机关是不会自动地批准转让采矿权的。

本案原被告双方签订的《采矿权转让合同》包括三个方面的内容：一是双方就采矿权转让达成的合意，二是双方就向国家行政机关申请批准采矿权转让的约定，三是违约责任。

双方就采矿权转让达成的合意涉及国家对采矿权管理的行政法律关系，按照法律规定，需经行政机关批准才能生效，非经行政机关批准，采矿权不得转让，即双方就采矿权转让达成的合意不能生效。如经批准，双方可以按照合同约定转让采矿权，并移交矿山，此称合同批准后的权利义务。

合同中关于向国家行政机关申请采矿权转让的约定，是原被告双方作为平等主体，为达到国家行政机关批准采矿权转让这一目的而设立的民事权利义务，属合同生效前的权利义务。这类合同生效前的权利义务，无需批准，只要签约双方意思表示一致，达成协议，依法成立，即具有法律约束力。只有双方全面履行生效前的权利义务，合同才有可能获得批准。舍此，合同生效无从谈起。所以签约双方应按《中华人民共和国合同法》规定的诚实信用原则，全面履行各自的权利义务，如有违反，应承担相应的法律责任，包括违约责任。

本案被告关于合同未经批准，尚未生效，属无效合同，可以不承担违约责任的辩解，是对“经批准生效”的法律规定作了片面的理解，没有正确区分合同批准生效前的权利义务和合同批准生效后的权利义务的效力的区别。被告在收取了原告支付的200万元预付款后，不按合同约定向行政机关申请办理采矿权转让手续，违反了我国合同法规定的诚实信用原则。因此，法院对被告的答辩意见不予采纳，支持了原告的诉讼请求，判决被告返还原告200万元预付款和承担违约金100万元。

法院的判决，抓住了问题的核心——被告的不作为。但是法院在判决书中的用语是："对于被告的不作为，理应向原告承担违约责任"，而不是"依法应向原告承担违约责任"。

法院的判决书中之所以出现这种用语，是因为本案触及了我国法律的一个"盲点"。《中华人民共和国合同法》第四十四条规定了"依法成立的合同，自成立时生效。法律、行政法规规定应当办理批准、登记等手续生效的，依照其规定"。国务院《探矿权采矿权转让管理办法》规定了"批准转让的合同自批准之日起生效"。但都没有规定此类合同在批准前，缔约双方在应当遵循什么原则来处理双方的权利义务关系。前面评述中论及的合同批准前的权利义务和合同批准后的权利义务也仅是本书编者提出的一种理论观点，目前尚无具体的法律条文予以支持。

本案原告在签订《采矿权转让合同》时，显然没有意识到这个法律盲点，没有采取必要的防范措施，在违约责任的约定上，没有具体区分违反合同批准前的权利义务和违反合同批准后的权利义务各应承担的违约责任，也是造成本案诉争的一个原因。

因此，提醒有关当事人在签订此类应当办理批准、登记等手续生效的合同时，应当单独约定双方在办理批准、登记等手续方面的权利义务，以及违反这些约定应承担的违约责任，并在合同特别约定：无论合同是否获得批准，都不影响合同约定的双方在办理批准、登记等手续方面的权利义务，以及违反这些约定应承担的违约责任的单独的效力。这种约定，既可以保护双方当事人的权益，又可以减少不必要的诉争，按照我国合同法规定的当事人意思自治原则，这种约定是可以得到法律支持的。

案例3

擅自发包采矿权的发包方是否应当对承包方发生的工伤事故承担连带责任

【案情简介】

某县飞跃钢铁厂拥有得色矿区的《采矿许可证》，前几年一直由该厂采掘工程队在矿区采挖矿石。2004 年该厂改制后，矿区周边村民经常以开矿影响了他们饮水、放牧为由，阻挠矿区正常采矿生产。无奈之下，该厂领导多次与当地村民委员会协商，最终达成共识，由村委会出面在县工商局注册一家公司，飞跃钢铁厂将自己矿区内五个矿硐中靠黑峰村后山的两个矿硐交由村委会新注册的公司组织村民采挖。一个月后，村委会组建的东进矿业公司挂牌成立，遂与飞跃钢铁厂签订了《承包协议书》。该协议书约定：由飞跃钢铁厂将两矿硐承包给东进矿业公司，除提供炸药指标外，其他一切包括采挖、销售、税收等均由东进矿业公司自行负责。飞跃钢铁厂每年收取承包费 50 万元。该协议书还约定东进矿业公司在十年承包期限内，若发生安全事故自行负责。

2007 年 8 月，东进矿业公司一矿硐发生坍塌事故，致使民工刘贵福被埋压在矿硐中，经抢救幸免于难，但造成了二级伤残。事故发生的主要原因是东进矿业公司矿硐坑道内无防护支撑设施，民工未经上岗培训，在施工中未按操作规程进行施工。

事故发生后，东进矿业公司作了部分赔付，但因该公司成立仅半年，赔偿能力有限，无法满足残伤者刘贵福的赔偿要求。于是刘贵福即以东进矿业公司及飞跃钢铁厂作为被告，向 G 市中级人民法院提起诉讼，请求判令两被告赔偿后期医疗费、误工费、护理费、被扶养人的抚养费、伤残补偿金共计 55 万元。

【审理情况】

G 市中级人民法院受案后，依法进行了审理，飞跃钢铁厂认为对其安全事故没有任何责任：其一，发生安全事故的地点在东进矿业公司承包区内，该公司是依法成立的具有完全民事行为能力和民事权利能力的独立法人，它能独立承担民事责任；其二，双方所签订的《承包协议书》已明确约定：承包期间若发生安全事故自行负责，与本厂无关。

法院审理认为：被告飞跃钢铁厂未经批准将两矿硐发包给他人采矿，是违反法律规定的无效行为，所订立的《承包协议书》不具有法律效力。被告东进矿业公司系独立法人企业，应对其生产中发生的安全事故承担责任。被告飞跃钢铁厂作为发包方违反我国《安全生产法》规定，擅自将其生产经营场所发包给不具备生产条件和相应资质的东进矿业公司，故应对其安全事故承担连带责任。该法院遂作出如下判决：

一、由被告东进矿业公司赔偿原告刘贵福护理费、后期医疗费、伤残补偿金等共计 28 万元；

二、被告飞跃钢铁厂与被告东进矿业公司承担连带赔偿责任。

宣判后，原、被告双方均未上诉。

【评析】

本案涉及两个重要的法律问题，即采矿权是否可以承包？采矿权承包后，发生安全事故，发包方是否要承担连带责任？

承包是我国经济体制改革的产物，它作为一种生产经营管理方式，现已盛行于各行各业。一般来说，承包主要有劳务承包和经营承包两种方式：这两种方式均不发生主体的变更，不发生所有权、用益物权的转移。在矿业生产、经营领域或市场中，我们常见的承包活动，有矿井掘进劳务承包，也有矿产品销售承包等等。这是法律允许的。但如果用承包方式转让或变相转让采矿权，则是国家法律所禁止的。

从本案中双方承包情况来看，飞跃钢铁厂将自己拥有采矿权的两个矿硐交由东进矿业公司进行采矿、经营、管理，并不是单纯意义上的劳务承包和单纯意义上的经营（销售）承包。东进矿业公司自行组织生产、经营，实际上是承受了飞跃钢铁厂部分采矿权的开采经营的用益物权。双方所订立的《承包协议书》名为承包实为变相转让部分采矿权，是一份无效协议。

《中华人民共和国矿产资源法》第六条第一款第二项明确规定："已取得采矿权的矿山企业，因企业合并、分立，与他人合资、合作经营，或者用企业资产出售的及其他变更企业资产产权的情形而变更采矿权主体的，经依法批准可以将采矿权转让他人采矿。"国务院《探矿权采矿权转让管理办法》第十五条规定："违反本办法第三条第（二）项的规定，以承包等方式擅自将采矿权转给他人进行采矿的，由县级以上人民政府负责地质矿产管理工作的部门按照国务院地质矿产主管部门规定的权限，责令改正，没收违法所得，处10万元以下的罚款；情节严重的，由原发证机关吊销采矿许可证。"从上述规定可以清楚看出：变更采矿权主体，仅限于"企业合并、分立、与他人合资、合作经营、企业资产出售"等情形。如果用承包方式将采矿权转给他人采矿，变相转移采矿权，应受到相应的行政处罚。本案中飞跃钢铁厂擅自将部分采矿权发包给东进矿业公司是违反法律规定的，应受到相应的行政处罚，双方所签订的《承包协议书》不受法律保护，其所约定的关于安全事故只由承包方东进矿业公司承担责任条款自然无效。

本案中承包方作为一个具有独立法人资格的公司，在生产经营过程中，发生了安全事故，自然应承担其相应的责任。发包方飞跃钢铁厂对其安全事故是否承担责任？根据我国现行法律，是应当承担连带责任的。我国《安全生产法》第八十六条规定："生产经营单位不得将生产经营项目、场所、设备发包或者出租给不具备生产条件或者相应资质的单位和个人"，如果"导致发生生产安全事故给他人造成损害的，与承包方承担连带赔偿责任"。本案中飞跃钢铁厂将采矿权擅自发包给东进矿业公司，将生产场所（矿硐）发包给不具备生产条件和相应资质的东进矿业公司，故应对东进公司发生的安全事故依法与东进矿业公司共同承担其连带责任。因此，本案中人民法院的认定无疑是正确的。

案例4

在自留山上挖煤是否会构成非法采矿罪

【案情简介】

朱某，男，40岁，系W县八里乡保水村委会红道村村民。2006年3月，他在自留山挖掘深水井，准备浇灌自留山上的庄稼，当水井挖至2.3米时，无意中发现地下有无烟煤。于是就扩大洞口，将煤挖出。起初是供自己烧用和送同村亲友。后来干脆请人帮忙、把覆盖煤层的土层剥开、并把自留山承包给外地人李某开采。由李某直接销售，朱某则按每吨收取所谓山本费35~40元。乡国土资源所得知情况后，曾多次制止，并三次送达了《停止违法行为通知书》，其中两次送达时，朱某和李某跑到后山躲藏起来。乡国土资源所工作人员只好留置送达，由其妻及父母签收。此后，朱某叫李某夜间挖煤，偷偷运出。直至W县公安机关以涉嫌非法采矿罪立案侦查；将朱某拘留。经Y省国土资源厅对朱某非法采矿造成矿产资源破坏的价值进行鉴定，确认朱某非法采矿造成矿产资源破坏的价值为人民币21.8万元。公安机关认为朱某的行为已构成非法采矿罪，移送检察机关审察起诉。W县检察机关审查后，以朱某犯有非法采矿罪提起公诉。

【审理情况】

W县人民法院审理后查明，2006年3月初至11月下旬，被告人朱某在红道村自留山上挖掘无烟煤，先是供自己使用，随后承包给李某采挖，每吨收取承包费35~40元；乡国土资源所曾对其进行过制止，并送达《停止违法行为通知书》，但朱某仍叫李某继续采挖，并仍收取承包费。庭审中，公诉方出具了《停止违法行为通知书》、Y省国土资源厅《朱某非法开采煤矿资源造成矿产资源破坏的价值鉴定值结论》等证据。朱某对前述证据没有异议，但认为自己是在自家的自留山上挖采煤矿，没有到国家矿山和他人矿山采挖，原来是自己和亲戚使用；后几个月才承包给他人采挖，获利很小；不应该按犯罪来处罚。

W县人民法院确认，公诉人指控被告人朱某犯有非法采矿罪事实清楚、证据充分，罪名成立。被告人朱某违反矿产资源法的规定，没有取得《采矿许可证》，擅自开采煤矿，造成矿产资源破坏，其行为已触及我国刑法，构成非法采矿罪。为维护社会管理秩序，保护国家矿产资源不受不法侵犯，根据《中华人民共和国刑法》第三百四十三条第一款、第七十二条及最高人民法院《关于审理非法采矿、破坏非采矿刑事案件具体应用法律若干问题的解释》第一条第一项、第三条、第七条之规定，判决如下：

被告人朱某非法采矿罪成立，判处有期徒刑两年，缓刑三年，并处罚金人民币壹万元。

宣判后，被告人朱某服判未上诉。

【评析】

本案中朱某在自留山上采煤是否属无证开采？为何构成非法采矿罪？

非法采矿罪是指违反矿产资源法的规定，未取得《采矿许可证》擅自采矿；擅自进入国家规划矿区，对国民经济具有重要价值的矿区或他人矿区范围采矿；或者擅自开采国家规定实行保护开采的特定矿种，经责令停止开采后拒不停止开采，造成矿产资源破坏的行为。

非法采矿罪的主体是具有刑事责任年龄和刑事责任能力的自然人，单位也可以成为该罪主体。单位构成非法采矿罪，对单位判处罚金，并对其直接负责的主管人员和其他直接责任人员判处刑罚。在主观方面，行为人必须具有直接故意。该罪所侵犯的客体，是国家对矿产资源的所有权和对矿产资源的行政管理制度，其犯罪对象所指向的是一切矿产资源。

在客观表现方面，行为人的违法采矿行为包括下列三种：未取得《采矿许可证》擅自采矿；擅自进入国家规划矿区、对国民经济具有重要价值的矿区和他人矿区范围采矿；擅自开采国家规定实行保护性开采的特定矿种。其中“未取得《采矿许可证》擅自采矿”又包括以下五种行为：无《采矿许可证》开采矿产资源；《采矿许可证》被注销、吊销后继续开采矿产资源；超越《采矿许可证》规定的矿区范围开采矿产资源的；未按《采矿许可证》规定的矿种开采矿产资源的（共生、伴生矿种除外）；其他未取得《采矿许可证》开采矿产资源的情形。

在客观表现上，行为人必须同时具备三个条件：①实施违法开采行为；②已造成矿产资源的破坏；③经有关部门责令停止其违法开采行为拒不停止开采的。三个条件缺一不可。其中非法采矿是否造成矿产资源破坏，是按所破坏的矿产资源的价值数额来论的。关于破坏价值数额标准，最高人民法院《关于审理非法采矿、破坏性采矿刑事案件具体应用法律若干问题的解释》第三条规定：“非法采矿造成矿产资源破坏的价值，数额在5万元以上的，属于刑法第三百四十三条第一款规定的‘造成矿产资源破坏’；数额在30万元以上的，属于刑法第三百四十三条第一款规定的‘造成矿产资源严重破坏’。”第六条规定：“破坏性的开采方法以及造成矿产资源破坏或者严重破坏的数额，由省级以上地质矿产主管部门出具鉴定结论，经查证属实后予以认定。”

本案中被告人朱某，没有到国土资源管理部门办理《采矿许可证》，擅自采挖和采用发包给他人采挖的手段采挖无烟煤，并在乡国土资源所三次送达《停止违法行为通知书》，责令其停止开采后，仍继续开采。造成了矿产资源破坏，价值数额为21.8万元，已超过最高人民法院《关于审理非法采矿、破坏性采矿刑事案件具体应用法律若干问题的解释》第三条第一款规定的“5万元以上”的起点幅度，完全满足了非法采矿罪的四个构成要件。因此，人民法院以其行为构成非法采矿罪加以定罪科刑是完全正确的。

至于朱某辩称，自己是在自家自留山上挖煤，没有到国家和他人的矿区采矿，不应以犯罪论处的问题，是很多老百姓思想里都存在的错误认识。他们片面认为：自留地、自留山为自己所有，包括其中的矿产资源。其实，我国《矿产资源法》第三条已明确规定：“矿资源属于国家所有，由国务院行使国家对矿产资源的所有权，地表或者地下的矿产资源的国家所有权，不因其所依附的土地所有权或者使用权的不同而改变。”本案中被告人朱某的自留山的所有权属于农村集体经济组织，依法划给他家使用，但不等于说在其自留山上发现的无烟煤即属于他家所有，他就有支配权。被告人朱某无权将其自留山上的煤矿发包给他人采挖。如果被告人朱某仅是在自留山采挖少量的无烟煤供生活使用，根据我国《矿产资源法》的规定是允许的，但应依法办理采矿登记手续。问题在于，他发现自留山有无烟煤后，除最初自用外，更重要的是他擅自将自留山的煤矿发包给他人采挖，谋取利益。因此，朱某的辩解是不能成立的。按照我国《刑法》第三百四十三条之规定，犯非法采矿罪，处三年以下有期徒刑，拘役或管制、并处或单处罚金。本案中人民法院对被告朱某处以缓刑是从宽处理的，应该说，已充分考虑了这一特殊情节。

值得注意的是：本案中李某作为承包人，他是具体实施采挖无烟煤的行为人，其主观方面存在故意。他和被告人朱某共同造成矿产资源的破坏，价值已达21.8万元。乡国土资源所针对朱某下达过三次《停止违法行为通知书》，同时也责令李某停止开采；李某已明知乡国土资源所不允许其在被告人朱某家自留山挖煤。乡国土资源所来人制止时，他曾与朱某躲藏起来，随后又夜间作业，继续采挖。其行为已涉嫌非法采矿罪。他与被告人朱某应作为共同犯罪追诉，并依法惩处。本案中，司法机关未追究其刑事责任，是有悖法律规定的。

案例 5

承担了行政责任是否还要承担民事责任

【案情简介】

Y 县牛街选矿厂金厂坡矿区 1 号坑、2 号坑在 2003 年 5 月至 2005 年 1 月超越批准的矿区范围，越界进入华中公司矿区范围采矿。华中公司向当地县国土资源局反映后，该局于 2005 年 2 月 2 日对牛街选矿厂作出了处罚决定：一、责令立即停止其违法行为，退回本矿区范围内采矿；二、处以15 000元罚款。牛街选矿厂收到行政处罚决定书后，在法定期限内未提起行政复议，也未向法院起诉。

华中公司遂委托 J 省有色地质队对两个坑道进行勘测。该队勘测后，作出《华中公司矿区地质勘测报告》；华中公司又委托东方矿业权评估事务所对因牛街选矿厂越界采矿所造成的经济损失进行鉴定，鉴定结论确定：牛街选矿厂超越批准矿区范围越界采矿，给华中公司所造成的经济损失为 153. 7 万元。

2005 年 4 月，华中公司以牛街选矿厂作为被告，向 J 省 W 州中级人民法院起诉。请求判令：

一、停止侵权，在越界处砌砖墙封闭越界坑道；二、被告赔偿因其侵权行为给华中公司所造成的经济损失 153. 7 万元；三、被告承担越界采矿勘测费、鉴定费等 8 万元及诉讼费用。

被告答辩称：一、越界采矿的情况基本属实，但县国土资源局已作过处罚，已交罚款，不应再赔偿损失。二、即使要赔偿损失，越界开采的量也没有那么多。原告的 153. 7 万元的经济损失是夸大其词。虽然原告提交了地质勘测报告和鉴定报告，但系原告单方面委托，其结论不客观、不真实，不能作为定案的依据，要求法院重新指定鉴定机构进行司法鉴定，再依据其鉴定结论作出判决。

【审理情况】

一审法院受理此案，依法进行审理。庭审中，鉴定人出庭接受了原被告双方当事人的质询。审理查明并确认：牛街选矿厂1号坑道、2号坑道超越批准的矿区范围，擅自进入华中公司的合法矿区范围采矿，依法应承担相应的赔偿责任。华中公司所提交的东方矿业权评估事务所所作的鉴定报告书的结论真实有效；其结果应作为损失计算的依据；其鉴定费、地质勘测费是因牛街选矿厂侵权所产生的，也应由其承担，依照《中华人民共和国民法通则》第一百一十七条、第一百三十四条第一款第（一）项、第（七）项之规定判决如下：一、被告牛街选矿厂立即停止侵权，在越界处封闭越界坑道；二、被告牛街选矿厂赔偿华中公司经济损失153.7万元；勘测费、鉴定费，一审诉讼费由牛街选矿厂承担。

宣判后，牛街选矿厂不服，向J省高级人民法院提起上诉。认为既已被行政处罚，就不应再赔偿损失，即使要赔偿损失，不能依照华中公司单方面委托的鉴定机构的鉴定结论定案。一审时，曾要求法院指定鉴定机构重新对侵权损失作出公正鉴定，但未获准，望二审法院撤销原判，组织鉴定机构重新鉴定，再依据其结论作出公正判决。

二审法院审理后认为，Y县国土资源局对牛街选矿厂的行政处罚，正说明其侵权事实的存在，华中公司作为被侵权方，有权主张经济损失赔偿。其自行委托鉴定机构所作的鉴定结论因无足以反驳的证据加以反驳，故予以采信，重新鉴定已无必要。至于牛街选矿厂自行委托的地勘院所作的鉴定报告，一方面不属于二审的新的证据，另一方面在华中公司委托鉴定之后三个月才进行鉴定的两矿坑已严重坍塌、渗水，不能全面反映客观情况，故不予采信。依照《中华人民共和国民事诉讼法》第一百五十三条第一款第一项之规定，作出驳回上诉、维持原审的判决。

【评析】

本案涉及了两个重要的法律问题：（1）越界开采的侵权行为受到行政机关的行政处罚后，受侵权人是否有权主张民事赔偿？（2）受侵权人自行委托的鉴定机构对其因被侵权所造成的损失作出的结论是否可以作为定案的依据？

现对两个法律问题分述如下：

（1）行政处罚是行政机关对尚未构成犯罪的违法行为使用的一种制裁手段。行政处罚的主体为行政机关，被处罚者主体一般均系与行政机关形成管理与被管理关系的公民、法人或其他组织。行政处罚的目的在于加强行政管理，规范正常的社会经济管理秩序。公民、法人或其他组织在社会经济活动中，都应该遵守行政管理秩序。如果违反，行政相对人就要承担行政责任，将会受到相应的行政处罚。侵权民事赔偿是指行为人违反民事行为规范，其行为侵犯了一方当事人的合法权益，造成经济损失，就应当承担民事赔偿责任。如果行为人违反行政管理秩序，同时给非行政管理者，即平等的民事主体造成损害；也就是说，侵权人的一个行为，同时触及了行政法律规范和民事法律规范，既违反了行政法律义务，又违反了民事法律义务；就应该同时承担行政责任和民事责任。

《中华人民共和国矿产资源法》第四十条规定："超越批准的矿区范围和采矿的，责令其退回本矿区范围内开采，赔偿损失，没收越界开采的矿产品及违法所得，可以并处罚款。"本案中，县国土资源局只对越界开采的牛街选矿厂作出罚款和责令退回本矿区范围内采矿的处罚，没有就其对华中公司的赔偿问题责令牛街选矿厂给予赔偿。但这并不意味着华中公司就丧失索赔的权利。越界开采的行为，侵害的是国家对矿区的正常管理秩序；同时侵害了矿产经营者的开矿权。《中华人民共和国行政处罚法》第七条规定："公民、法人或其他组织因违法受到行政处罚，其违法行为对他人造成损害的，应当依法承担民事责任。"因此，华中公司在牛街选矿厂受到行政处罚后，要求该厂承担民事责任是符合法律规定的。牛街选矿厂以自己已受到行政处罚，不再承担其民事责任的观点是错误的。

司法实践中，还存在一种情况：行为人的行为违反行为规范应受到行政处罚，而由于各种因素，行政机关没有进行处罚。在这种情况下，只要一方当事人确因对方当事人的行为遭受了损害。那么，受害当事人同样有权向侵权人主张赔偿。民事赔偿权利的取得不以行政处罚为前提，索赔与否的诉求取决于受害人。

（2）当事人一方自行委托的鉴定机构的鉴定是否可以作为定案的依据？根据最高人民法院《关于民事诉讼证据的若干规定》第二十八条的规定："一方当事人自行委托有关部门所作出的鉴定结论，另一方当事人有证据足以反驳，并申请重新鉴定的，人民法院应予准许。"这说明一方当事人自行委托的鉴定机构所作出的鉴定结论，如果另一方当事人没有足以反驳其鉴定结论的证据，即使申请重新鉴定，人民法院也不准许重新鉴定。一方当事人自行委托的鉴定机构所作的鉴定结论如果通过法庭质证，程序合法，实体正确，可以作为定案依据的。该问题的关键在于要有"足以反驳"该鉴定结论的证据，人民法院才准许重新组织鉴定。本案中牛街选矿厂认为，鉴定结论系华中公司单方委托作出的，其鉴定结论肯定不公正，但又没有任何理由，无任何证据足以反驳该鉴定结论。在庭审中鉴定人出庭接受了双方当事人的质询；法庭通过质证确认鉴定机构的资质、鉴定结论内容。一审法院即以该鉴定结论作为定案依据，是完全正确的。二审法院在审理过程中充分重视了这一情况，且鉴于两侵权矿坑已坍塌、渗水；再进行鉴定已无法反映其当初侵权状况，即以华中公司单方委托的鉴定机构所作的鉴定结论维持一审判决这无疑是正确的。

案例 6

行政机关应承担其违法行政造成损害的赔偿责任

【案情简介】

转让方东方资源股份有限公司与受让方龙跃矿产有限公司就转让探矿权一事，于 2004 年 2 月 4 日签订了《大沟探矿权转让合同书》，约定转让费为人民币 30 万元，在合同签订之日一次付清，在《探矿权转让申请书》报经省矿业权转让审批管理机关批准转让后移交探矿权，并办理相关转让手续。

同年 3 月 16 日，龙跃矿产有限公司和东方资源股份有限公司向 G 省国土资源厅提交了《探矿权变更申请登记书》和《探矿权转让申请登记书》。省国土资源厅受理后，于 4 月 5 日向两个申请人发出了《探矿权转让审批通知书》，同意转让，并要求双方于 6 月 4 日前一并到省国土资源厅办理探矿权变更登记手续。恰在此时，G 省国土资源厅于 4 月 23 日收到 Z 市国土资源局的紧急报告，要求暂停办理该项转让变更登记手续，理由是拟转让矿区存在矿业权争议，不符合《探矿权采矿权转让管理办法》第五条的相关规定。G 省国土资源厅调查后确认该矿区确实存在矿业权争议，决定暂停办理变更登记手续，但未书面通知两申请人，也未撤销 4 月 5 日的《探矿权转让审批通知书》。在这种情况下，龙跃矿产有限公司多次到 G 省国土资源厅办理探矿权变更登记手续未果，遂向省政府法制办公室投诉，在省政府法制办公室的督促下，G 省国土资源厅于 2005 年 6 月 27 日作出了《探矿权不予变更登记通知书》。

龙跃矿产有限公司不服 G 省国土资源厅的决定，遂向 G 省人民政府提出行政复议申请，请求省政府确认省国土资源厅 2005 年 6 月 27 日作出的探矿权不予变更登记的行政行为违法，撤销《探矿权不予变更登记通知书》，责令省国土资源厅依法办理探矿权转让变更登记手续。理由是：一、程序违法。《中华人民共和国行政许可法》第四十二条和《探矿权采矿权转让管理办法》第十条规定的时限为40日，而G省国土资源厅在14个月以后（2004年4月5日至2005年6月27日）才作出《探矿权不予变更登记通知书》，超出法定时限，程序违法。作出的《探矿权不予变更登记通知书》无效，应予撤销。二、违反《中华人民共和国行政许可法》第八条规定的信赖保护原则。2004年4月5日下达《探矿权转让审批通知书》准予转让，而2005年6月27日又下达《不予变更登记通知书》，不准转让，自相矛盾。在没有法定事由的情况下，违反法定程序，擅自改变自己合法的许可决定，故其作出的《不予变更登记通知书》违法无效。

【复议情况】

2005年10月27日，G省人民政府作出行政复议决定书，认为：矿业权有争议的事实存在，依照《探矿权采矿权转让管理办法》第五条的规定，决定对省国土资源厅作出的《探矿权不予变更登记通知书》的具体行政行为予以维持。G省国土资源厅作出的《探矿权不予变更登记通知书》的具体行政行为，在法律上应当视为以自己的事实行为撤销了原作出的《探矿权转让审批通知书》，符合《中华人民共和国行政许可法》第六十九条第一款的规定。

同时，G省人民政府行政复议决定书认为，省国土资源厅在批准探矿权转让行为之前，审查不严，在不符合法律规定的情况下，批准了转让申请，并发出了《探矿权转让审批通知书》，事实上构成了该探矿权转让的错误审批。在发现问题后，也没有在规定的时限内及时撤销原来的《探矿权转让审批通知书》，而是在14个月后才作出不予变更登记的决定，违背了《中华人民共和国行政许可法》和《探矿权采矿权转让管理办法》关于时限的规定。由于省国土资源厅的过错，导致龙跃矿产有限公司在收到《探矿权转让审批通知书》至《探矿权采矿权转让管理办法》的14个月之间，对所批准同意转让的探矿权区域进行了前期投资等筹备工作。鉴于此，责令省国土资源厅依法对龙跃矿产有限公司的投资损失作出妥善处理。对其复议结果，龙跃矿产有限公司未起诉。

【评析】

行政许可是国家行政机关批准公民、法人或其他组织从事特定活动的行为。行政机关作为政府的一个职能部门，代表政府行使对社会的管理职能，其行政行为必须符合法律的规定，必须依照法律规定的权限、范围、条件和程序进行工作。如若不然，社会管理者的违法、枉法行为必然造成不良的社会影响。本案中，实施具体行政行为的主体是G省国土资源厅，因其行政行为违背了相关法律的规定，造成龙跃矿产有限公司对其行政行为不服，引起诉争。

首先，省国土资源厅在审批转让申请时，审查不严。按照国土资源部《探矿权采矿权转让审批有关问题的规定》的规定，审查探矿权转让申请必须同时符合国务院《探矿权采矿权转让管理办法》第五条规定的五个条件，其中"探矿权权属无争议"，须由转让审批机关向下级国土资源行政机关核实。省国土资源厅审批转让申请时，由于审查不严，发出了准予转让的《探矿权转让审批通知书》，构成了对转让申请的错误审批。

其次，在发现转让审批决定出现错误后，省国土资源厅不仅没有及时撤销错误决定，反而是在14个月之后，且是在龙跃矿产有限公司投诉之后，在省政府法制办公室的督促之下，才作出了和以前决定完全相反的《探矿权不予变更登记通知书》。这不仅超过40日的法定时限，更严重的是，同一行政机关先后两份内容对立的“通知书”并立于世，造成了行政许可混乱的现象。正是上述原因，申请人不服其具体行政行为，提出复议申请。

G省人民政府的行政复议决定书将后一个通知书视为对前一个通知书事实上的否定，理由稍显牵强，有护短之嫌。正确的做法应是指出G省国土资源厅应按照法律规定，撤销其2004年4月5日下达的《探矿权转让审批通知书》，再依照《探矿权采矿权转让管理办法》第五条的规定，维持《探矿权不予变更登记通知书》。这样，避免了两个对立的“通知书”并存的混乱现象，维护了行政行为的严肃性，而且每一个行政行为都有了法律依据，才能使人信服。

G省人民政府行政复议决定书虽然指出了行政机关的过错，并要求相关部门对龙跃矿产有限公司的前期投资损失作出妥善处理。但这个处理意见的内容是模糊的，“妥善处理”四个字内容不准确，不符合法律规定。按照《中华人民共和国行政许可法》第六十九条第四款的规定：“依照本条第一款的规定撤销行政许可，被许可人的合法权益受到损害的，行政机关应当依法给予赔偿损失。”由于G省国土资源厅在14个月内不对其错误审批决定作出处理的违法行为，导致龙跃矿产有限公司进行了前期投资筹备工作，其合法权益受到损害，依法应由G省国土资源厅承担赔偿责任。

第三部分　矿业权法律文件选编

本部分共选入21篇法律文件，包括矿业权管理涉及的主要法律、行政法规、地方性法规和省、部规范性文件。供读者参考。

中华人民共和国矿产资源法

（1986年3月19日第六届全国人民代表大会常务委员会第十五次会议通过，根据1996年8月29日第八届全国人民代表大会常务委员会第二十一次会议《关于修改〈中华人民共和国矿产资源法〉的决定》修正）

第一章 总 则

第一条 为了发展矿业，加强矿产资源的勘查、开发利用和保护工作，保障社会主义现代化建设的当前和长远的需要，根据《中华人民共和国宪法》，特制定本法。

第二条 在中华人民共和国领域及管辖海域勘查、开采矿产资源，必须遵守本法。

第三条 矿产资源属于国家所有，由国务院行使国家对矿产资源的所有权。地表或者地下的矿产资源的国家所有权，不因其所依附的土地的所有权或者使用权的不同而改变。

国家保障矿产资源的合理开发利用。禁止任何组织或者个人用任何手段侵占或者破坏矿产资源。各级人民政府必须加强矿产资源的保护工作。

勘查、开采矿产资源，必须依法分别申请、经批准取得探矿权、采矿权，并办理登记；但是，已经依法申请取得采矿权的矿山企业在划定的矿区范围内为本企业的生产而进行的勘查除外。国家保护探矿权和采矿权不受侵犯，保障矿区和勘查作业区的生产秩序、工作秩序不受影响和破坏。

从事矿产资源勘查和开采的，必须符合规定的资质条件。

第四条 国家保障依法设立的矿山企业开采矿产资源的合法权益。

国有矿山企业是开采矿产资源的主体。国家保障国有矿业经济的巩固和发展。

第五条 国家实行探矿权、采矿权有偿取得的制度；但是，国家对探矿权、采矿权有偿取得的费用，可以根据不同情况规定予以减缴、免缴。具体办法和实施步骤由国务院规定。

开采矿产资源，必须按照国家有关规定缴纳资源税和资源补偿费。

第六条 除按下列规定可以转让外，探矿权、采矿权不得转让：

（一）探矿权人有权在划定的勘查作业区内进行规定的勘查作业，有权优先取得勘查作业区内矿产资源的采矿权。探矿权人在完成规定的最低勘查投入后，经依法批准，可以将探矿权转让他人。

（二）已取得采矿权的矿山企业，因企业合并、分立，与他人合资、合作经营，或者因企业资产出售以及有其他变更企业资产产权的情形而需要变更采矿权主体的，经依法批准可以将采矿权转让他人采矿。

前款规定的具体办法和实施步骤由国务院规定。

禁止将探矿权、采矿权倒卖牟利。

第七条 国家对矿产资源的勘查、开发实行统一规划、合理布局、综合勘查、合理开采和综合利用的方针。

第八条 国家鼓励矿产资源勘查、开发的科学技术研究，推广先进技术，提高矿产资源勘查、开发的科学技术水平。

第九条 在勘查、开发、保护矿产资源和进行科学技术研究等方面成绩显著的单位和个人，由各级人民政府给予奖励。

第十条 国家在民族自治地方开采矿产资源，应当照顾民族自治地方的利益，作出有利于民族自治地方经济建设的安排，照顾当地少数民族群众的生产和生活。

民族自治地方的自治机关根据法律规定和国家的统一规划，对可以由本地方开发的矿产资源，优先合理开发利用。

第十一条 国务院地质矿产主管部门主管全国矿产资源勘查、开采的监督管理工作。国务院有关主管部门协助国务院地质矿产主管部门进行矿产资源勘查、开采的监督管理工作。

省、自治区、直辖市人民政府地质矿产主管部门主管本行政区域内矿产资源勘查、开采的监督管理工作。省、自治区、直辖市人民政府有关主管部门协助同级地质矿产主管部门进行矿产资源勘查、开采的监督管理工作。

第二章 矿产资源勘查的登记和开采的审批

第十二条 国家对矿产资源勘查实行统一的区块登记管理制度。矿产资源勘查登记工作，由国务院地质矿产主管部门负责；特定矿种的矿产资源勘查登记工作，可以由国务院授权有关主管部门负责。矿产资源勘查区块登记管理办法由国务院制定。

第十三条 国务院矿产储量审批机构或者省、自治区、直辖市矿产储量审批机构负责审查批准供矿山建设设计使用的勘探报告，并在规定的期限内批复报送单位。勘探报告未经批准，不得作为矿山建设设计的依据。

第十四条 矿产资源勘查成果档案资料和各类矿产储量的统计资料，实行统一的管理制度，按照国务院规定汇交或者填报。

第十五条 设立矿山企业，必须符合国家规定的资质条件，并依照法律和国家有关规定，由审批机关对其矿区范围、矿山设计或者开采方案、生产技术条件、安全措施和环境保护措施等进行审查；审查合格的，方予批准。

第十六条 开采下列矿产资源的，由国务院地质矿产主管部门审批，并颁发采矿许可证：

（一）国家规划矿区和对国民经济具有重要价值的矿区内的矿产资源；

（二）前项规定区域以外可供开采的矿产储量规模在大型以上的矿产资源；

（三）国家规定实行保护性开采的特定矿种；

（四）领海及中国管辖的其他海域的矿产资源；

（五）国务院规定的其他矿产资源。

开采石油、天然气、放射性矿产等特定矿种的，可以由国务院授权的有关主管部门审批，并颁发采矿许可证。

开采第一款、第二款规定以外的矿产资源，其可供开采的矿产的储量规模为中型的，由省、自治区、直辖市人民政府地质矿产主管部门审批和颁发采矿许可证。

开采第一款、第二款和第三款规定以外的矿产资源的管理办法，由省、自治区、直辖市人民代表大会常务委员会依法制定。

依照第三款、第四款的规定审批和颁发采矿许可证的，由省、自治区、直辖市人民政府地质矿产主管部门汇总向国务院地质矿产主管部门备案。

矿产储量规模的大型、中型的划分标准，由国务院矿产储量审批机构规定。

第十七条 国家对国家规划矿区、对国民经济具有重要价值的矿区和国家规定实行保护性开采的特定矿种，实行有计划的开采；未经国务院有关主管部门批准，任何单位和个人不得开采。

第十八条 国家规划矿区的范围、对国民经济具有重要价值的矿区的范围、矿山企业矿区的范围依法划定后，由划定矿区范围的主管机关通知有关县级人民政府予以公告。

矿山企业变更矿区范围，必须报请原审批机关批准，并报请原颁发采矿许可证的机关重新核发采矿许可证。

第十九条 地方各级人民政府应当采取措施，维护本行政区域内的国有矿山企业和其他矿山企业矿区范围内的正常秩序。

禁止任何单位和个人进入他人依法设立的国有矿山企业和其他矿山企业矿区范围内采矿。

第二十条 非经国务院授权的有关主管部门同意，不得在下列地区开采矿产资源：

（一）港口、机场、国防工程设施圈定地区以内；

（二）重要工业区、大型水利工程设施、城镇市政工程设施附近一定距离以内；

（三）铁路、重要公路两侧一定距离以内；

（四）重要河流、堤坝两侧一定距离以内；

（五）国家划定的自然保护区、重要风景区，国家重点保护的不能移动的历史文物和名胜古迹所在地；

（六）国家规定不得开采矿产资源的其他地区。

第二十一条 关闭矿山，必须提出矿山闭坑报告及有关采掘工程、不安全隐患、土地复垦利用、环境保护的资料，并按照国家规定报请审查批准。

第二十二条 勘查、开采矿产资源时，发现具有重大科学文化价值的罕见地质现象以及文化古迹，应当加以保护并及时报告有关部门。

第三章 矿产资源的勘查

第二十三条 区域地质调查按照国家统一规划进行。区域地质调查的报告和图件按照国家规定验收，提供有关部门使用。

第二十四条 矿产资源普查在完成主要矿种普查任务的同

时，应当对工作区内包括共生或者伴生矿产的成矿地质条件和矿床工业远景作出初步综合评价。

第二十五条 矿床勘探必须对矿区内具有工业价值的共生和伴生矿产进行综合评价，并计算其储量。未作综合评价的勘探报告不予批准。但是，国务院计划部门另有规定的矿床勘探项目除外。

第二十六条 普查、勘探易损坏的特种非金属矿产、流体矿产、易燃易爆易溶矿产和含有放射性元素的矿产，必须采用省级以上人民政府有关主管部门规定的普查、勘探方法，并有必要的技术装备和安全措施。

第二十七条 矿产资源勘查的原始地质编录和图件，岩矿心、测试样品和其他实物标本资料，各种勘查标志，应当按照有关规定保护和保存。

第二十八条 矿床勘探报告及其他有价值的勘查资料，按照国务院规定实行有偿使用。

第四章 矿产资源的开采

第二十九条 开采矿产资源，必须采取合理的开采顺序、开采方法和选矿工艺。矿山企业的开采回采率、采矿贫化率和选矿回收率应当达到设计要求。

第三十条 在开采主要矿产的同时，对具有工业价值的共生和伴生矿产应当统一规划，综合开采，综合利用，防止浪费；对暂时不能综合开采或者必须同时采出而暂时还不能综合利用的矿产以及含有有用组分的尾矿，应当采取有效的保护措施，防止损失破坏。

第三十一条 开采矿产资源，必须遵守国家劳动安全卫生规定，具备保障安全生产的必要条件。

第三十二条 开采矿产资源，必须遵守有关环境保护的法律规定，防止污染环境。

开采矿产资源，应当节约用地。耕地、草原、林地因采矿受到破坏的，矿山企业应当因地制宜地采取复垦利用、植树种草或者其他利用措施。

开采矿产资源给他人生产、生活造成损失的，应当负责赔偿，并采取必要的补救措施。

第三十三条 在建设铁路、工厂、水库、输油管道、输电线路和各种大型建筑物或者建筑群之前，建设单位必须向所在省、自治区、直辖市地质矿产主管部门了解拟建工程所在地区的矿产资源分布和开采情况。非经国务院授权的部门批准，不得压覆重要矿床。

第三十四条 国务院规定由指定的单位统一收购的矿产品，任何其他单位或者个人不得收购；开采者不得向非指定单位销售。

第五章 集体矿山企业和个体采矿

第三十五条 国家对集体矿山企业和个体采矿实行积极扶持、合理规划、正确引导、加强管理的方针，鼓励集体矿山企业开采国家指定范围内的矿产资源，允许个人采挖零星分散资源和只能用作普通建筑材料的砂、石、粘土以及为生活自用采挖少量矿产。

矿产储量规模适宜由矿山企业开采的矿产资源、国家规定实行保护性开采的特定矿种和国家规定禁止个人开采的其他矿产资源，个人不得开采。

国家指导、帮助集体矿山企业和个体采矿不断提高技术水平、资源利用率和经济效益。

地质矿产主管部门、地质工作单位和国有矿山企业应当按照积极支持、有偿互惠的原则向集体矿山企业和个体采矿提供地质资料和技术服务。

第三十六条 国务院和国务院有关主管部门批准开办的矿山企业矿区范围内已有的集体矿山企业，应当关闭或者到指定的其他地点开采，由矿山建设单位给予合理的补偿，并妥善安置群众生活；也可以按照该矿山企业的统筹安排，实行联合经营。

第三十七条 集体矿山企业和个体采矿应当提高技术水平，提高矿产资源回收率。禁止乱挖滥采，破坏矿产资源。

集体矿山企业必须测绘井上、井下工程对照图。

第三十八条 县级以上人民政府应当指导、帮助集体矿山企业和个体采矿进行技术改造，改善经营管理，加强安全生产。

第六章 法律责任

第三十九条 违反本法规定，未取得采矿许可证擅自采矿的，擅自进入国家规划矿区、对国民经济具有重要价值的矿区范围采矿的，擅自开采国家规定实行保护性开采的特定矿种的，责令停止开采、赔偿损失，没收采出的矿产品和违法所得，可以并处罚款；拒不停止开采，造成矿产资源破坏的，依照刑法第一百五十六条的规定对直接责任人员追究刑事责任。

单位和个人进入他人依法设立的国有矿山企业和其他矿山企业矿区范围内采矿的，依照前款规定处罚。

第四十条 超越批准的矿区范围采矿的，责令退回本矿区范围内开采、赔偿损失，没收越界开采的矿产品和违法所得，可以并处罚款；拒不退回本矿区范围内开采，造成矿产资源破坏的，吊销采矿许可证，依照刑法第一百五十六条的规定对直接责任人员追究刑事责任。

第四十一条 盗窃、抢夺矿山企业和勘查单位的矿产品和其他财物的，破坏采矿、勘查设施的，扰乱矿区和勘查作业区的生产秩序、工作秩序的，分别依照刑法有关规定追究刑事责任；情节显著轻微的，依照治安管理处罚条例有关规定予以处罚。

第四十二条 买卖、出租或者以其他形式转让矿产资源的，没收违法所得，处以罚款。

违反本法第六条的规定将探矿权、采矿权倒卖牟利的，吊销勘查许可证、采矿许可证，没收违法所得，处以罚款。

第四十三条 违反本法规定收购和销售国家统一收购的矿产品的，没收矿产品和违法所得，可以并处罚款；情节严重的，依照刑法第一百一十七条、第一百一十八条的规定，追究刑事责任。

第四十四条 违反本法规定，采取破坏性的开采方法开采矿产资源的，处以罚款，可以吊销采矿许可证；造成矿产资源严重破坏的，依照刑法第一百五十六条的规定对直接责任人员追究刑事责任。

第四十五条 本法第三十九条、第四十条、第四十二条规定的行政处罚，由县级以上人民政府负责地质矿产管理工作的部门按照国务院地质矿产主管部门规定的权限决定。第四十三条规定的行政处罚，由县级以上人民政府工商行政管理部门决定。第四十四条规定的行政处罚，由省、自治区、直辖市人民政府地质矿产主管部门决定。给予吊销勘查许可证或者采矿许可证处罚的，须由原发证机关决定。

依照第三十九条、第四十条、第四十二条、第四十四条规定应当给予行政处罚而不给予行政处罚的，上级人民政府地质矿产主管部门有权责令改正或者直接给予行政处罚。

第四十六条 当事人对行政处罚决定不服的，可以依法申请复议，也可以依法直接向人民法院起诉。

当事人逾期不申请复议也不向人民法院起诉，又不履行处罚决定的，由作出处罚决定的机关申请人民法院强制执行。

第四十七条 负责矿产资源勘查、开采监督管理工作的国家工作人员和其他有关国家工作人员徇私舞弊、滥用职权或者玩忽职守，违反本法规定批准勘查、开采矿产资源和颁发勘查许可证、采矿许可证，或者对违法采矿行为不依法予以制止、处罚，构成犯罪的，依法追究刑事责任；不构成犯罪的，给予行政处分。违法颁发的勘查许可证、采矿许可证，上级人民政府地质矿产主管部门有权予以撤销。

第四十八条 以暴力、威胁方法阻碍从事矿产资源勘查、开采监督管理工作的国家工作人员依法执行职务的，依照刑法第一百五十七条的规定追究刑事责任；拒绝、阻碍从事矿产资源勘查、开采监督管理工作的国家工作人员依法执行职务未使用暴力、威胁方法的，由公安机关依照治安管理处罚条例的规定处罚。

第四十九条 矿山企业之间的矿区范围的争议，由当事人协商解决，协商不成的，由有关县级以上地方人民政府根据依法核定的矿区范围处理；跨省、自治区、直辖市的矿区范围的争议，由有关省、自治区、直辖市人民政府协商解决，协商不成的，由国务院处理。

第七章 附 则

第五十条 外商投资勘查、开采矿产资源，法律、行政法规另有规定的，从其规定。

第五十一条 本法施行以前，未办理批准手续、未划定矿区范围、未取得采矿许可证开采矿产资源的，应当依照本法有关规定申请补办手续。

第五十二条 本法实施细则由国务院制定。

第五十三条 本法自1986年10月1日起施行。

［附1］刑法有关条款

第一百一十七条 违反金融、外汇、金银、工商管理法规，投机倒把，情节严重的，处三年以下有期徒刑或者拘役，可以并处、单处罚金或者没收财产。

第一百一十八条 以走私、投机倒把为常业的，走私、投机倒把数额巨大的或者走私、投机倒把集团的首要分子，处三年以上十年以下有期徒刑，可以并处没收财产。

第一百五十六条 故意毁坏公私财物，情节严重的，处三年以下有期徒刑、拘役或者罚金。

第一百五十七条 以暴力、威胁方法阻碍国家工作人员依法执行职务的，或者拒不执行人民法院已经发生法律效力的判决、裁定的，处三年以下有期徒刑、拘役、罚金或者剥夺政治权利。

第一百五十八条 禁止任何人利用任何手段扰乱社会秩序。扰乱社会秩序情节严重，致使工作、生产、营业和教学、科研无法进行，国家和社会遭受严重损失的，对首要分子处五年以下有期徒刑、拘役、管制或者剥夺政治权利。

［附2］全国人民代表大会常务委员会关于修改《中华人民共和国矿产资源法》的决定

1996年8月29日第八届全国人民代表大会常务委员会第二十一次会议通过，1996年8月29日中华人民共和国主席令第七十四号公布，自1997年1月1日起施行。

第八届全国人民代表大会常务委员会第二十一次会议决定对《中华人民共和国矿产资源法》作如下修改：

一、第三条第一款修改为："矿产资源属于国家所有，由国务院行使国家对矿产资源的所有权。地表或者地下的矿产资源的国家所有权，不因其所依附的土地的所有权或者使用权的不同而改变。”

第三款修改为：“勘查、开采矿产资源，必须依法分别申请、经批准取得探矿权、采矿权，并办理登记；但是，已经依法申请取得采矿权的矿山企业在划定的矿区范围内为本企业的生产而进行的勘查除外。国家保护探矿权和采矿权不受侵犯，保障矿区和勘查作业区的生产秩序、工作秩序不受影响和破坏。”

增加一款作为第四款：“从事矿产资源勘查和开采的，必须符合规定的资质条件。”

二、第四条修改为：“国家保障依法设立的矿山企业开采矿产资源的合法权益。”

“国有矿山企业是开采矿产资源的主体。国家保障国有矿业经济的巩固和发展。”

三、第五条修改为：“国家实行探矿权、采矿权有偿取得的制度；但是，国家对探矿权、采矿权有偿取得的费用，可以根据不同情况规定予以减缴、免缴。具体办法和实施步骤由国务院规定。”

“开采矿产资源，必须按照国家有关规定缴纳资源税和资源补偿费。”

四、将第三条第四款改为第六条，修改为：“除按下列规定可以转让外，探矿权、采矿权不得转让：

（一）探矿权人有权在划定的勘查作业区内进行规定的勘查作业，有权优先取得勘查作业区内矿产资源的采矿权。探矿权人在完成规定的最低勘查投入后，经依法批准，可以将探矿权转让他人。

（二）已取得采矿权的矿山企业，因企业合并、分立，与他人合资、合作经营，或者因企业资产出售以及有其他变更企业资产产权的情形而需要变更采矿权主体的，经依法批准可以将采矿权转让他人采矿。”

“前款规定的具体办法和实施步骤由国务院规定。”

“禁止将探矿权、采矿权倒卖牟利。”

五、第十条改为第十二条，修改为：“国家对矿产资源勘查实行统一的区块登记管理制度。矿产资源勘查登记工作，由国务院地质矿产主管部门负责；特定矿种的矿产资源勘查登记工作，可以由国务院授权有关主管部门负责。矿产资源勘查区块登记管理办法由国务院制定。”

六、第十三条第一款与第二十六条合并，作为第十五条，修改为：“设立矿山企业，必须符合国家规定的资质条件，并依照法律和国家有关规定，由审批机关对其矿区范围、矿山设计或者开采方案、生产技术条件、安全措施和环境保护措施等进行审查；审查合格的，方予批准。”

七、第十三条第二款和第十四条合并，作为第十六条，修改为：“开采下列矿产资源的，由国务院地质矿产主管部门审批，并颁发采矿许可证：

（一）国家规划矿区和对国民经济具有重要价值的矿区内的矿产资源；

（二）前项规定区域以外可供开采的矿产储量规模在大型以上的矿产资源；

（三）国家规定实行保护性开采的特定矿种；

（四）领海及中国管辖的其他海域的矿产资源；

（五）国务院规定的其他矿产资源。”

“开采石油、天然气、放射性矿产等特定矿种的，可以由国务院授权的有关主管部门审批，并颁发采矿许可证。”

“开采第一款、第二款规定以外的矿产资源，其可供开采的矿产的储量规模为中型的，由省、自治区、直辖市人民政府地质矿产主管部门审批和颁发采矿许可证。”

“开采第一款、第二款和第三款规定以外的矿产资源的管理办法，由省、自治区、直辖市人民代表大会常务委员会依法制定。”

“依照第三款、第四款的规定审批和颁发采矿许可证的，由省、自治区、直辖市人民政府地质矿产主管部门汇总向国务院地质矿产主管部门备案。”

“矿产储量规模的大型、中型的划分标准，由国务院矿产储量审批机构规定。”

八、第十六条第三款和第三十六条合并，作为第十九条，修改为：“地方各级人民政府应当采取措施，维护本行政区域内的国有矿山企业和其他矿山企业矿区范围内的正常秩序。”

“禁止任何单位和个人进入他人依法设立的国有矿山企业和其他矿山企业矿区范围内采矿。”

九、第三十四条改为第三十五条，增加一款作为第二款：“矿产储量规模适宜由矿山企业开采的矿产资源、国家规定实行保护性开采的特定矿种和国家规定禁止个人开采的其他矿产资源，个人不得开采。”

十、第三十九条修改为：“违反本法规定，未取得采矿许可证擅自采矿的，擅自进入国家规划矿区、对国民经济具有重要价值的矿区范围采矿的，擅自开采国家规定实行保护性开采的特定矿种的，责令停止开采、赔偿损失，没收采出的矿产品和违法所得，可以并处罚款；拒不停止开采，造成矿产资源破坏的，依照刑法第一百五十六条的规定对直接责任人员追究刑事责任。”

“单位和个人进入他人依法设立的国有矿山企业和其他矿山企业矿区范围内采矿的，依照前款规定处罚。”

十一、第四十二条第二款修改为：“违反本法第六条的规定将探矿权、采矿权倒卖牟利的，吊销勘查许可证、采矿许可证，没收违法所得，处以罚款。”

十二、第四十四条修改为：“违反本法规定，采取破坏性的开采方法开采矿产资源的，处以罚款，可以吊销采矿许可证；造成矿产资源严重破坏的，依照刑法第一百五十六条的规定对直接责任人员追究刑事责任。”

十三、第四十五条修改为：“本法第三十九条、第四十条、第四十二条规定的行政处罚，由县级以上人民政府负责地质矿产管理工作的部门按照国务院地质矿产主管部门规定的权限决定。第四十三条规定的行政处罚，由县级以上人民政府工商行政管理部门决定。第四十四条规定的行政处罚，由省、自治区、直辖市人民政府地质矿产主管部门决定。给予吊销勘查许可证或者采矿许可证处罚的，须由原发证机关决定。”

“依照第三十九条、第四十条、第四十二条、第四十四条规定应当给予行政处罚而不给予行政处罚的，上级人民政府地质矿产主管部门有权责令改正或者直接给予行政处罚。”

十四、将第四十六条修改为：“当事人对行政处罚决定不服的，可以依法申请复议，也可以依法直接向人民法院起诉。”

“当事人逾期不申请复议也不向人民法院起诉，又不履行处罚决定的，由作出处罚决定的机关申请人民法院强制执行。”

十五、增加一条，作为第四十七条：“负责矿产资源勘查、开采监督管理工作的国家工作人员和其他有关国家工作人员徇私舞弊、滥用职权或者玩忽职守，违反本法规定批准勘查、开采矿产资源和颁发勘查许可证、采矿许可证，或者对违法采矿行为不依法予以制止、处罚，构成犯罪的，依法追究刑事责任；不构成犯罪的，给予行政处分。违法颁发的勘查许可证、采矿许可证，上级人民政府地质矿产主管部门有权予以撤销。”

十六、增加一条，作为第四十八条：“以暴力、威胁方法阻碍从事矿产资源勘查、开采监督管理工作的国家工作人员依法执行职务的，依照刑法第一百五十七条的规定追究刑事责任；拒绝、阻碍从事矿产资源勘查、开采监督管理工作的国家工作人员依法执行职务未使用暴力、威胁方法的，由公安机关依照治安管理处罚条例的规定处罚。”

十七、增加一条，作为第五十条：“外商投资勘查、开采矿产资源，法律、行政法规另有规定的，从其规定。”

十八、将本法中的“国营矿山企业”修改为“国有矿山企业”，“乡镇集体矿山企业”修改为“集体矿山企业”。

本决定自1997年1月1日起施行。

《中华人民共和国矿产资源法》根据本决定作相应的修正，重新公布。

中华人民共和国矿山安全法

（1992年11月7日第七届全国人民代表大会常务委员会第二十八次会议通过，1992年11月7日中华人民共和国主席令第六十五号公布，自1993年5月1日起施行）

第一章　总　则

第一条　为了保障矿山生产安全，防止矿山事故，保护矿山职工人身安全，促进采矿业的发展，制定本法。

第二条　在中华人民共和国领域和中华人民共和国管辖的其他海域从事矿产资源开采活动，必须遵守本法。

第三条　矿山企业必须具有保障安全生产的设施，建立、健全安全管理制度，采取有效措施改善职工劳动条件，加强矿山安全管理工作，保证安全生产。

第四条　国务院劳动行政主管部门对全国矿山安全工作实施统一监督。

县级以上地方各级人民政府劳动行政主管部门对本行政区域内的矿山安全工作实施统一监督。

县级以上人民政府管理矿山企业的主管部门对矿山安全工作进行管理。

第五条　国家鼓励矿山安全科学技术研究，推广先进技术，改进安全设施，提高矿山安全生产水平。

第六条　对坚持矿山安全生产，防止矿山事故，参加矿山抢险救护，进行矿山安全科学技术研究等方面取得显著成绩的单位和个人，给予奖励。

第二章　矿山建设的安全保障

第七条　矿山建设工程的安全设施必须和主体工程同时设计、同时施工、同时投入生产和使用。

第八条　矿山建设工程的设计文件，必须符合矿山安全规程和行业技术规范，并按照国家规定经管理矿山企业的主管部门批准；不符合矿山安全规程和行业技术规范的，不得批准。

矿山建设工程安全设施的设计必须有劳动行政主管部门参加审查。

矿山安全规程和行业技术规范，由国务院管理矿山企业的主管部门制定。

第九条　矿山设计下列项目必须符合矿山安全规程和行业技术规范：

（一）矿井的通风系统和供风量、风质、风速；

（二）露天矿的边坡角和台阶的宽度、高度；

（三）供电系统；

（四）提升、运输系统；

（五）防水、排水系统和防火、灭火系统；

（六）防瓦斯系统和防尘系统；

（七）有关矿山安全的其他项目。

第十条　每个矿井必须有两个以上能行人的安全出口，出口之间的直线水平距离必须符合矿山安全规程和行业技术规范。

第十一条　矿山必须有与外界相通的、符合安全要求的运输和通讯设施。

第十二条　矿山建设工程必须按照管理矿山企业的主管部门

批准的设计文件施工。

矿山建设工程安全设施竣工后，由管理矿山企业的主管部门验收，并须有劳动行政主管部门参加；不符合矿山安全规程和行业技术规范的，不得验收，不得投入生产。

第三章　矿山开采的安全保障

第十三条　矿山开采必须具备保障安全生产的条件，执行开采不同矿种的矿山安全规程和行业技术规范。

第十四条　矿山设计规定保留的矿柱、岩柱，在规定的期限内，应当予以保护，不得开采或者毁坏。

第十五条　矿山使用的有特殊安全要求的设备、器材、防护用品和安全检测仪器，必须符合国家安全标准或者行业安全标准；不符合国家安全标准或者行业安全标准的，不得使用。

第十六条　矿山企业必须对机电设备及其防护装置、安全检测仪器，定期检查、维修，保证使用安全。

第十七条　矿山企业必须对作业场所中的有毒有害物质和井下空气含氧量进行检测，保证符合安全要求。

第十八条　矿山企业必须对下列危害安全的事故隐患采取预防措施：

（一）冒顶、片帮、边坡滑落和地表塌陷；

（二）瓦斯爆炸、煤尘爆炸；

（三）冲击地压、瓦斯突出、井喷；

（四）地面和井下的火灾、水害；

（五）爆破器材和爆破作业发生的危害；

（六）粉尘、有毒有害气体、放射性物质和其他有害物质引起的危害；

（七）其他危害。

第十九条 矿山企业对使用机械、电气设备，排土场、矸石山、尾矿库和矿山闭坑后可能引起的危害，应当采取预防措施。

第四章 矿山企业的安全管理

第二十条 矿山企业必须建立、健全安全生产责任制。

矿长对本企业的安全生产工作负责。

第二十一条 矿长应当定期向职工代表大会或者职工大会报告安全生产工作，发挥职工代表大会的监督作用。

第二十二条 矿山企业职工必须遵守有关矿山安全的法律、法规和企业规章制度。

矿山企业职工有权对危害安全的行为，提出批评、检举和控告。

第二十三条 矿山企业工会依法维护职工生产安全的合法权益，组织职工对矿山安全工作进行监督。

第二十四条 矿山企业违反有关安全的法律、法规，工会有权要求企业行政方面或者有关部门认真处理。

矿山企业召开讨论有关安全生产的会议，应当有工会代表参加，工会有权提出意见和建议。

第二十五条 矿山企业工会发现企业行政方面违章指挥、强令工人冒险作业或者生产过程中发现明显重大事故隐患和职业危害，有权提出解决的建议；发现危及职工生命安全的情况时，有权向矿山企业行政方面建议组织职工撤离危险现场，矿山企业行政方面必须及时作出处理决定。

第二十六条 矿山企业必须对职工进行安全教育、培训；未经安全教育、培训的，不得上岗作业。

矿山企业安全生产的特种作业人员必须接受专门培训，经考核合格取得操作资格证书的，方可上岗作业。

第二十七条　矿长必须经过考核，具备安全专业知识，具有领导安全生产和处理矿山事故的能力。

矿山企业安全工作人员必须具备必要的安全专业知识和矿山安全工作经验。

第二十八条　矿山企业必须向职工发放保障安全生产所需的劳动防护用品。

第二十九条　矿山企业不得录用未成年人从事矿山井下劳动。

矿山企业对女职工按照国家规定实行特殊劳动保护，不得分配女职工从事矿山井下劳动。

第三十条　矿山企业必须制定矿山事故防范措施，并组织落实。

第三十一条　矿山企业应当建立由专职或者兼职人员组成的救护和医疗急救组织，配备必要的装备、器材和药物。

第三十二条　矿山企业必须从矿产品销售额中按照国家规定提取安全技术措施专项费用。安全技术措施专项费用必须全部用于改善矿山安全生产条件，不得挪作他用。

第五章　矿山安全的监督和管理

第三十三条　县级以上各级人民政府劳动行政主管部门对矿山安全工作行使下列监督职责：

（一）检查矿山企业和管理矿山企业的主管部门贯彻执行矿山安全法律、法规的情况；

（二）参加矿山建设工程安全设施的设计审查和竣工验收；

（三）检查矿山劳动条件和安全状况；

（四）检查矿山企业职工安全教育、培训工作；

（五）监督矿山企业提取和使用安全技术措施专项费用的

情况；

（六）参加并监督矿山事故的调查和处理；

（七）法律、行政法规规定的其他监督职责。

第三十四条 县级以上人民政府管理矿山企业的主管部门对矿山安全工作行使下列管理职责：

（一）检查矿山企业贯彻执行矿山安全法律、法规的情况；

（二）审查批准矿山建设工程安全设施的设计；

（三）负责矿山建设工程安全设施的竣工验收；

（四）组织矿长和矿山企业安全工作人员的培训工作；

（五）调查和处理重大矿山事故；

（六）法律、行政法规规定的其他管理职责。

第三十五条 劳动行政主管部门的矿山安全监督人员有权进入矿山企业，在现场检查安全状况；发现有危及职工安全的紧急险情时，应当要求矿山企业立即处理。

第六章 矿山事故处理

第三十六条 发生矿山事故，矿山企业必须立即组织抢救，防止事故扩大，减少人员伤亡和财产损失，对伤亡事故必须立即如实报告劳动行政主管部门和管理矿山企业的主管部门。

第三十七条 发生一般矿山事故，由矿山企业负责调查和处理。

发生重大矿山事故，由政府及其有关部门、工会和矿山企业按照行政法规的规定进行调查和处理。

第三十八条 矿山企业对矿山事故中伤亡的职工按照国家规定给予抚恤或者补偿。

第三十九条 矿山事故发生后，应当尽快消除现场危险，查明事故原因，提出防范措施。现场危险消除后，方可恢复生产。

第七章　法律责任

第四十条　违反本法规定，有下列行为之一的，由劳动行政主管部门责令改正，可以并处罚款；情节严重的，提请县级以上人民政府决定责令停产整顿；对主管人员和直接责任人员由其所在单位或者上级主管机关给予行政处分：

（一）未对职工进行安全教育、培训，分配职工上岗作业的；

（二）使用不符合国家安全标准或者行业安全标准的设备、器材、防护用品、安全检测仪器的；

（三）未按照规定提取或者使用安全技术措施专项费用的；

（四）拒绝矿山安全监督人员现场检查或者在被检查时隐瞒事故隐患、不如实反映情况的；

（五）未按照规定及时、如实报告矿山事故的。

第四十一条　矿长不具备安全专业知识的，安全生产的特种作业人员未取得操作资格证书上岗作业的，由劳动行政主管部门责令限期改正；逾期不改正的，提请县级以上人民政府决定责令停产，调整配备合格人员后，方可恢复生产。

第四十二条　矿山建设工程安全设施的设计未经批准擅自施工的，由管理矿山企业的主管部门责令停止施工；拒不执行的，由管理矿山企业的主管部门提请县级以上人民政府决定由有关主管部门吊销其采矿许可证和营业执照。

第四十三条　矿山建设工程的安全设施未经验收或者验收不合格擅自投入生产的，由劳动行政主管部门会同管理矿山企业的主管部门责令停止生产，并由劳动行政主管部门处以罚款；拒不停止生产的，由劳动行政主管部门提请县级以上人民政府决定由有关主管部门吊销其采矿许可证和营业执照。

第四十四条 已经投入生产的矿山企业，不具备安全生产条件而强行开采的，由劳动行政主管部门会同管理矿山企业的主管部门责令限期改进；逾期仍不具备安全生产条件的，由劳动行政主管部门提请县级以上人民政府决定责令停产整顿或者由有关主管部门吊销其采矿许可证和营业执照。

第四十五条 当事人对行政处罚决定不服的，可以在接到处罚决定通知之日起十五日内向作出处罚决定的机关的上一级机关申请复议；当事人也可以在接到处罚决定通知之日起十五日内直接向人民法院起诉。

复议机关应当在接到复议申请之日起六十日内作出复议决定。当事人对复议决定不服的，可以在接到复议决定之日起十五日内向人民法院起诉。复议机关逾期不作出复议决定的，当事人可以在复议期满之日起十五日内向人民法院起诉。

当事人逾期不申请复议也不向人民法院起诉、又不履行处罚决定的，作出处罚决定的机关可以申请人民法院强制执行。

第四十六条 矿山企业主管人员违章指挥、强令工人冒险作业，因而发生重大伤亡事故的，依照刑法第一百一十四条的规定追究刑事责任。

第四十七条 矿山企业主管人员对矿山事故隐患不采取措施，因而发生重大伤亡事故的，比照刑法第一百八十七条的规定追究刑事责任。

第四十八条 矿山安全监督人员和安全管理人员滥用职权、玩忽职守、徇私舞弊，构成犯罪的，依法追究刑事责任；不构成犯罪的，给予行政处分。

第八章 附 则

第四十九条 国务院劳动行政主管部门根据本法制定实施条

例，报国务院批准施行。

省、自治区、直辖市人民代表大会常务委员会可以根据本法和本地区的实际情况，制定实施办法。

第五十条 本法自 1993 年 5 月 1 日起施行。

中华人民共和国矿产资源法实施细则

（1994年3月26日，中华人民共和国国务院令第152号）

第一章　总　则

第一条　根据《中华人民共和国矿产资源法》，制定本细则。

第二条　矿产资源是指由地质作用形成的，具有利用价值的，呈固态、液态、气态的自然资源。

矿产资源的矿种和分类见本细则所附《矿产资源分类细目》。新发现的矿种由国务院地质矿产主管部门报国务院批准后公布。

第三条　矿产资源属于国家所有，地表或者地下的矿产资源的国家所有权，不因其所依附的土地的所有权或者使用权的不同而改变。

国务院代表国家行使矿产资源的所有权。国务院授权国务院地质矿产主管部门对全国矿产资源分配实施统一管理。

第四条　在中华人民共和国领域及管辖的其他海域勘查、开采矿产资源，必须遵守《中华人民共和国矿产资源法》（以下简称《矿产资源法》）和本细则。

第五条　国家对矿产资源的勘查、开采实行许可证制度。勘查矿产资源，必须依法申请登记，领取勘查许可证，取得探矿权；开采矿产资源，必须依法申请登记，领取采矿许可证，取得采矿权。

矿产资源勘查工作区范围和开采矿区范围，以经纬度划分的区块为基本单位。具体办法由国务院地质矿产主管部门制定。

第六条 《矿产资源法》及本细则中下列用语的含义：

探矿权，是指在依法取得的勘查许可证规定的范围内，勘查矿产资源的权利。取得勘查许可证的单位或者个人称为探矿权人。

采矿权，是指在依法取得的采矿许可证规定的范围内，开采矿产资源和获得所开采的矿产品的权利。取得采矿许可证的单位或者个人称为采矿权人。

国家规定实行保护性开采的特定矿种，是指国务院根据国民经济建设和高科技发展的需要，以及资源稀缺、贵重程度确定的，由国务院有关主管部门按照国家计划批准开采的矿种。

国家规划矿区，是指国家根据建设规划和矿产资源规划，为建设大、中型矿山划定的矿产资源分布区域。

对国民经济具有重要价值的矿区，是指国家根据国民经济发展需要划定的，尚未列入国家建设规划的，储量大、质量好、具有开发前景的矿产资源保护区域。

第七条 国家允许外国的公司、企业和其他经济组织以及个人依照中华人民共和国有关法律、行政法规的规定，在中华人民共和国领域及管辖的其他海域投资勘查、开采矿产资源。

第八条 国务院地质矿产主管部门主管全国矿产资源勘查、开采的监督管理工作。国务院有关主管部门按照国务院规定的职责分工，协助国务院地质矿产主管部门进行矿产资源勘查、开采的监督管理工作。

省、自治区、直辖市人民政府地质矿产主管部门主管本行政区域内矿产资源勘查、开采的监督管理工作。

省、自治区、直辖市人民政府有关主管部门，协助同级地质矿产主管部门进行矿产资源勘查、开采的监督管理工作。

设区的市人民政府、自治州人民政府和县级人民政府及其负责管理矿产资源的部门，依法对本级人民政府批准开办的国有矿山企业和本行政区域内的集体所有制矿山企业、私营矿山企业、个体采矿者以及在本行政区域内从事勘查施工的单位和个人进行监督管理，依法保护探矿权人、采矿权人的合法权益。

上级地质矿产主管部门有权对下级地质矿产主管部门违法的或者不适当的矿产资源勘查、开采管理行政行为予以改变或者撤销。

第二章　矿产资源勘查登记和开采审批

第九条　勘查矿产资源，应当按照国务院关于矿产资源勘查登记管理的规定，办理申请、审批和勘查登记。

勘查特定矿种，应当按照国务院有关规定办理申请、审批和勘查登记。

第十条　国有矿山企业开采矿产资源，应当按照国务院关于采矿登记管理的规定，办理申请、审批和采矿登记。开采国家规划矿区、对国民经济具有重要价值矿区的矿产和国家规定实行保护性开采的特定矿种，办理申请、审批和采矿登记时，应当持有国务院有关主管部门批准的文件。

开采特定矿种，应当按照国务院有关规定办理申请、审批和采矿登记。

第十一条　开办国有矿山企业，除应当具备有关法律、法规规定的条件外，并应当具备下列条件：

（一）有供矿山建设使用的矿产勘查报告；

（二）有矿山建设项目的可行性研究报告（含资源利用方案和矿山环境影响报告）；

（三）有确定的矿区范围和开采范围；

（四）有矿山设计；

（五）有相应的生产技术条件。

国务院、国务院有关主管部门和省、自治区、直辖市人民政府，按照国家有关固定资产投资管理的规定，对申请开办的国有矿山企业根据前款所列条件审查合格后，方予批准。

第十二条 申请开办集体所有制矿山企业、私营矿山企业及个体采矿的审查批准、采矿登记，按照省、自治区、直辖市的有关规定办理。

第十三条 申请开办集体所有制矿山企业或者私营矿山企业，除应当具备有关法律、法规规定的条件外，并应当具备下列条件：

（一）有供矿山建设使用的与开采规模相适应的矿产勘查资料；

（二）有经过批准的无争议的开采范围；

（三）有与所建矿山规模相适应的资金、设备和技术人员；

（四）有与所建矿山规模相适应的，符合国家产业政策和技术规范的可行性研究报告、矿山设计或者开采方案；

（五）矿长具有矿山生产、安全管理和环境保护的基本知识。

第十四条 申请个体采矿应当具备下列条件：

（一）有经过批准的无争议的开采范围；

（二）有与采矿规模相适应的资金、设备和技术人员；

（三）有相应的矿产勘查资料和经批准的开采方案；

（四）有必要的安全生产条件和环境保护措施。

第三章　矿产资源的勘查

第十五条　国家对矿产资源勘查实行统一规划。全国矿产资源中、长期勘查规划，在国务院计划行政主管部门指导下，由国务院地质矿产主管部门根据国民经济和社会发展中、长期规划，在国务院有关主管部门勘查规划的基础上组织编制。

全国矿产资源年度勘查计划和省、自治区、直辖市矿产资源年度勘查计划，分别由国务院地质矿产主管部门和省、自治区、直辖市人民政府地质矿产主管部门组织有关主管部门，根据全国矿产资源中、长期勘查规划编制，经同级人民政府计划行政主管部门批准后施行。

法律对勘查规划的审批权另有规定的，依照有关法律的规定执行。

第十六条　探矿权人享有下列权利：

（一）按照勘查许可证规定的区域、期限、工作对象进行勘查；

（二）在勘查作业区及相邻区域架设供电、供水、通讯管线，但是不得影响或者损害原有的供电、供水设施和通讯管线；

（三）在勘查作业区及相邻区域通行；

（四）根据工程需要临时使用土地；

（五）优先取得勘查作业区内新发现矿种的探矿权；

（六）优先取得勘查作业区内矿产资源的采矿权；

（七）自行销售勘查中按照批准的工程设计施工回收的矿产品，但是国务院规定由指定单位统一收购的矿产品除外。

探矿权人行使前款所列权利时，有关法律、法规规定应当经过批准或者履行其他手续的，应当遵守有关法律、法规的规定。

第十七条　探矿权人应当履行下列义务：

（一）在规定的期限内开始施工，并在勘查许可证规定的期限内完成勘查工作；

（二）向勘查登记管理机关报告开工等情况；

（三）按照探矿工程设计施工，不得擅自进行采矿活动；

（四）在查明主要矿种的同时，对共生、伴生矿产资源进行综合勘查、综合评价；

（五）编写矿产资源勘查报告，提交有关部门审批；

（六）按照国务院有关规定汇交矿产资源勘查成果档案资料；

（七）遵守有关法律、法规关于劳动安全、土地复垦和环境保护的规定；

（八）勘查作业完毕，及时封、填探矿作业遗留的井、硐或者采取其他措施，消除安全隐患。

第十八条 探矿权人可以对符合国家边探边采规定要求的复杂类型矿床进行开采；但是，应当向原颁发勘查许可证的机关、矿产储量审批机构和勘查项目主管部门提交论证材料，经审核同意后，按照国务院关于采矿登记管理法规的规定，办理采矿登记。

第十九条 矿产资源勘查报告按照下列规定审批：

（一）供矿山建设使用的重要大型矿床勘查报告和供大型水源地建设使用的地下水勘查报告，由国务院矿产储量审批机构审批；

（二）供矿山建设使用的一般大型、中型、小型矿床勘查报告和供中型、小型水源地建设使用的地下水勘查报告，由省、自治区、直辖市矿产储量审批机构审批；矿产储量审批机构和勘查单位的主管部门应当自收到矿产资源勘查报告之日起6个月内作出批复。

第二十条 矿产资源勘查报告及其他有价值的勘查资料，按照国务院有关规定实行有偿使用。

第二十一条 探矿权人取得临时使用土地权后，在勘查过程中给他人造成财产损害的，按照下列规定给以补偿：

（一）对耕地造成损害的，根据受损害的耕地面积前三年平均年产量，以补偿时当地市场平均价格计算，逐年给以补偿，并负责恢复耕地的生产条件，及时归还；

（二）对牧区草场造成损害的，按照前项规定逐年给以补偿，并负责恢复草场植被，及时归还；

（三）对耕地上的农作物、经济作物造成损害的，根据受损害的耕地面积前三年平均年产量，以补偿时当地市场平均价格计算，给以补偿；

（四）对竹木造成损害的，根据实际损害株数，以补偿时当地市场平均价格逐株计算，给以补偿；

（五）对土地上的附着物造成损害的，根据实际损害的程度，以补偿时当地市场价格，给以适当补偿。

第二十二条 探矿权人在没有农作物和其他附着物的荒岭、荒坡、荒地、荒漠、沙滩、河滩、湖滩、海滩上进行勘查的，不予补偿；但是，勘查作业不得阻碍或者损害航运、灌溉、防洪等活动或者设施，勘查作业结束后应当采取措施，防止水土流失，保护生态环境。

第二十三条 探矿权人之间对勘查范围发生争议时，由当事人协商解决；协商不成的，由勘查作业区所在地的省、自治区、直辖市人民政府地质矿产主管部门裁决；跨省、自治区、直辖市的勘查范围争议，当事人协商不成的，由有关省、自治区、直辖市人民政府协商解决；协商不成的，由国务院地质矿产主管部门裁决。特定矿种的勘查范围争议，当事人协商不成的，由国务院授权的有关主管部门裁决。

第四章 矿产资源的开采

第二十四条 全国矿产资源的分配和开发利用，应当兼顾当前和长远、中央和地方的利益，实行统一规划、有效保护、合理开采、综合利用。

第二十五条 全国矿产资源规划，在国务院计划行政主管部门指导下，由国务院地质矿产主管部门根据国民经济和社会发展中、长期规划，组织国务院有关主管部门和省、自治区、直辖市人民政府编制，报国务院批准后施行。

全国矿产资源规划应当对全国矿产资源的分配作出统筹安排，合理划定中央与省、自治区、直辖市人民政府审批、开发矿产资源的范围。

第二十六条 矿产资源开发规划是对矿区的开发建设布局进行统筹安排的规划。

矿产资源开发规划分为行业开发规划和地区开发规划。

矿产资源行业开发规划由国务院有关主管部门根据全国矿产资源规划中分配给本部门的矿产资源编制实施。

矿产资源地区开发规划由省、自治区、直辖市人民政府根据全国矿产资源规划中分配给本省、自治区、直辖市的矿产资源编制实施；并作出统筹安排，合理划定省、市、县级人民政府审批、开发矿产资源的范围。矿产资源行业开发规划和地区开发规划应当报送国务院计划行政主管部门、地质矿产主管部门备案。

国务院计划行政主管部门、地质矿产主管部门，对不符合全国矿产资源规划的行业开发规划和地区开发规划，应当予以纠正。

第二十七条 设立、变更或者撤销国家规划矿区、对国民经济具有重要价值的矿区，由国务院有关主管部门提出，并附具矿产资源详查报告及论证材料，经国务院计划行政主管部门和地质矿产主管部门审定，并联合书面通知有关县级人民政府。县级人民政府应当自收到通知之日起一个月内予以公告，并报国务院计划行政主管部门、地质矿产主管部门备案。

第二十八条 确定或者撤销国家规定实行保护性开采的特定矿种，由国务院有关主管部门提出，附具论证材料，经国务院计划行政主管部门和地质矿产主管部门审核同意后，报国务院批准。

第二十九条 单位或者个人开采矿产资源前，应当委托持有相应矿山设计证书的单位进行可行性研究和设计。开采零星分散矿产资源和用作建筑材料的砂、石、粘土的，可以不进行可行性研究和设计，但是应当有开采方案和环境保护措施。

矿山设计必须依据设计任务书，采用合理的开采顺序、开采方法和选矿工艺。

矿山设计必须按照国家有关规定审批；未经批准，不得施工。

第三十条 采矿权人享有下列权利：

（一）按照采矿许可证规定的开采范围和期限从事开采活动；

（二）自行销售矿产品，但是国务院规定由指定的单位统一收购的矿产品除外；

（三）在矿区范围内建设采矿所需的生产和生活设施；

（四）根据生产建设的需要依法取得土地使用权；

（五）法律、法规规定的其他权利。

采矿权人行使前款所列权利时，法律、法规规定应当经过批准或者履行其他手续的，依照有关法律、法规的规定办理。

第三十一条 采矿权人应当履行下列义务：

（一）在批准的期限内进行矿山建设或者开采；

（二）有效保护、合理开采、综合利用矿产资源；

（三）依法缴纳资源税和矿产资源补偿费；

（四）遵守国家有关劳动安全、水土保持、土地复垦和环境保护的法律、法规；

（五）接受地质矿产主管部门和有关主管部门的监督管理，按照规定填报矿产储量表和矿产资源开发利用情况统计报告。

第三十二条 采矿权人在采矿许可证有效期满或者在有效期内，停办矿山而矿产资源尚未采完的，必须采取措施将资源保持在能够继续开采的状态，并事先完成下列工作：

（一）编制矿山开采现状报告及实测图件；

（二）按照有关规定报销所消耗的储量；

（三）按照原设计实际完成相应的有关劳动安全、水土保持、土地复垦和环境保护工作，或者缴清土地复垦和环境保护的有关费用。

采矿权人停办矿山的申请，须经原批准开办矿山的主管部门批准、原颁发采矿许可证的机关验收合格后，方可办理有关证、照注销手续。

第三十三条 矿山企业关闭矿山，应当按照下列程序办理审批手续：

（一）开采活动结束的前一年，向原批准开办矿山的主管部门提出关闭矿山申请，并提交闭坑地质报告；

（二）闭坑地质报告经原批准开办矿山的主管部门审核同意后，报地质矿产主管部门会同矿产储量审批机构批准；

（三）闭坑地质报告批准后，采矿权人应当编写关闭矿山报告，报请原批准开办矿山的主管部门会同同级地质矿产主管部门和有关主管部门按照有关行业规定批准。

第三十四条 关闭矿山报告批准后，矿山企业应当完成下列工作：

（一）按照国家有关规定将地质、测量、采矿资料整理归档，并汇交闭坑地质报告、关闭矿山报告及其他有关资料；

（二）按照批准的关闭矿山报告，完成有关劳动安全、水土保持、土地复垦和环境保护工作，或者缴清土地复垦和环境保护的有关费用。

矿山企业凭关闭矿山报告批准文件和有关部门对完成上述工作提供的证明，报请原颁发采矿许可证的机关办理采矿许可证注销手续。

第三十五条 建设单位在建设铁路、公路、工厂、水库、输油管道、输电线路和各种大型建筑物前，必须向所在地的省、自治区、直辖市人民政府地质矿产主管部门了解拟建工程在地区的矿产资源分布情况，并在建设项目设计任务书报请审批时附具地质矿产主管部门的证明。在上述建设项目与重要矿床的开采发生矛盾时，由国务院有关主管部门或者省、自治区、直辖市人民政府提出方案，经国务院地质矿产主管部门提出意见后，报国务院计划行政主管部门决定。

第三十六条 采矿权人之间对矿区范围发生争议时，由当事人协商解决；协商不成的，由矿产资源所在地的县级以上地方人民政府根据依法核定的矿区范围处理；跨省、自治区、直辖市的矿区范围争议，当事人协商不成的，由有关省、自治区、直辖市人民政府协商解决；协商不成的，由国务院地质矿产主管部门提出处理意见，报国务院决定。

第五章 集体所有制矿山企业、私营矿山企业和个体采矿者

第三十七条 国家依法保护集体所有制矿山企业、私营矿山企业和个体采矿者的合法权益，依法对集体所有制矿山企业、私

营矿山企业和个体采矿者进行监督管理。

第三十八条 集体所有制矿山企业可以开采下列矿产资源：

（一）不适于国家建设大、中型矿山的矿床及矿点；

（二）经国有矿山企业同意，并经其上级主管部门批准，在其矿区范围内划出的边缘零星矿产；

（三）矿山闭坑后，经原矿山企业主管部门确认可以安全开采并不会引起严重环境后果的残留矿体；

（四）国家规划可以由集体所有制矿山企业开采的其他矿产资源。

集体所有制矿山企业开采前款第（二）项所列矿产资源时，必须与国有矿山企业签订合理开发利用矿产资源和矿山安全协议，不得浪费和破坏矿产资源，并不得影响国有矿山企业的生产安全。

第三十九条 私营矿山企业开采矿产资源的范围参照本细则第三十八条的规定执行。

第四十条 个体采矿者可以采挖下列矿产资源：

（一）零星分散的小矿体或者矿点；

（二）只能用作普通建筑材料的砂、石、粘土。

第四十一条 国家设立国家规划矿区、对国民经济具有重要价值的矿区时，对应当撤出的原采矿权人，国家按照有关规定给予合理补偿。

第六章 法律责任

第四十二条 依照《矿产资源法》第三十九条、第四十条、第四十二条、第四十三条、第四十四条规定处以罚款的，分别按照下列规定执行：

（一）未取得采矿许可证擅自采矿的，擅自进入国家规划矿区、对国民经济具有重要价值的矿区和他人矿区范围采矿的，擅自开采国家规定实行保护性开采的特定矿种的，处以违法所得50%以下的罚款；

（二）超越批准的矿区范围采矿的，处以违法所得30%以下的罚款；

（三）买卖、出租或者以其他形式转让矿产资源的，买卖、出租采矿权的，对卖方、出租方、出让方处以违法所得一倍以下的罚款；

（四）非法用采矿权作抵押的，处以5 000元以下的罚款；

（五）违反规定收购和销售国家规定统一收购的矿产品的，处以违法所得一倍以下的罚款；

（六）采取破坏性的开采方法开采矿产资源，造成矿产资源严重破坏的，处以相当于矿产资源损失价值50%以下的罚款。

第四十三条 违反本细则规定，有下列行为之一的，对主管人员和直接责任人员给予行政处分；构成犯罪的，依法追究刑事责任：

（一）批准不符合办矿条件的单位或者个人开办矿山的；

（二）对未经依法批准的矿山企业或者个人颁发采矿许可证的。

第七章 附 则

第四十四条 地下水资源具有水资源和矿产资源的双重属性。地下水资源的勘查，适用《矿产资源法》和本细则；地下水资源的开发、利用、保护和管理，适用《水法》和有关的行政法规。

第四十五条 本细则由地质矿产部负责解释。

第四十六条 本细则自发布之日起施行。

［附件］矿产资源分类细目

（一）能源矿产：煤、煤成气、石煤、油页岩、石油、天然气、油砂、天然沥青、铀、钍、地热。

（二）金属矿产：铁、锰、铬、钒、钛；铜、铅、锌、铝土矿、镍、钴、钨、锡、铋、钼、汞、锑、镁；铂、钯、钌、锇、铱、铑；金、银；铌、钽、铍、锂、锆、锶、铷、铯；镧、铈、镨、钕、钐、铕、钇、钆、铽、镝、钬、铒、铥、镱、镥；钪、锗、镓、铟、铊、铪、铼、镉、硒、碲。

（三）非金属矿产：金刚石、石墨、磷、自然硫、硫铁矿、钾盐、硼、水晶（压电水晶、熔炼水晶、光学水晶、工艺水晶）、刚玉、蓝晶石、硅线石、红柱石、硅灰石、钠硝石、滑石、石棉、蓝石棉、云母、长石、石榴子石、叶蜡石、透辉石、透闪石、蛭石、沸石、明矾石、芒硝（含钙芒硝）、石膏（含硬石膏）、重晶石、毒重石、天然碱、方解石、冰洲石、菱镁矿、萤石（普通萤石、光学萤石）、宝石、黄玉、玉石、电气石、玛瑙、颜料矿物（赭石、颜料黄土）、石灰岩（电石用灰岩、制碱用灰岩、化肥用灰岩、熔剂用灰岩、玻璃用灰岩、水泥用灰岩、建筑石料用灰岩、制灰用灰岩、饰面用灰岩）、泥灰岩、白垩、含钾岩石、白云岩（冶金用白云岩、化肥用白云岩、玻璃用白云岩、建筑用白云岩）、石英岩（冶金用石英岩、玻璃用石英岩、化肥用石英岩）、砂岩（冶金用砂岩、玻璃用砂岩、水泥配料用砂岩、砖瓦用砂岩、化肥用砂岩、铸型用砂岩、陶瓷用砂岩）、天然石英砂（玻璃用砂、铸型用砂、建筑用砂、水泥配料用砂、水泥标准砂、砖瓦用砂）、脉石英（冶金用脉石英、玻璃用脉石英）、粉石英、天然油石、含钾砂页岩、硅藻土、页岩（陶粒页岩、砖瓦用页岩、水泥配料用页岩）、高岭土、陶瓷土、耐火粘土、凹凸棒石粘土、海泡石粘土、伊利石粘土、累托石粘土、膨润土、铁矾土、其他粘土（铸型用粘土、砖瓦用粘土、陶粒用粘土、水泥配料用粘土、水泥配料用红土、水泥配料用黄土、水泥配料用泥岩、保温材料用粘土）、橄榄岩（化肥用橄榄岩、建筑用橄榄岩）、蛇纹岩（化肥用蛇纹岩、熔剂用蛇纹岩、饰面用蛇纹岩）、玄武岩（铸石用玄武岩、岩棉用玄武岩）、辉绿岩（水泥用辉绿岩、铸石用辉绿岩、饰面用辉绿岩、建筑用辉绿岩）、安山岩（饰面用安山岩、建筑用安山岩、水泥混合材用安山玢岩）、闪长岩（水泥混合材用闪长玢岩、建筑用闪长岩）、花岗岩（建筑用花岗岩、饰面用花岗岩）、麦饭石、珍珠岩、黑曜岩、松脂岩、浮石、粗面岩（水泥用粗面岩、铸石用粗面岩）、霞石正长岩、凝灰岩（玻璃用凝灰岩、水泥用凝灰岩、建筑用凝灰岩）、火山灰、火山渣、大理岩（饰面用大理岩、建筑用大理岩、水泥用大理岩、玻璃用大理岩）、板岩（饰面用板岩、水泥配料用板岩）、片麻岩、角闪岩、泥炭、矿盐（湖盐、岩盐、天然卤水）、镁盐、碘、溴、砷。

（四）水气矿产：地下水、矿泉水、二氧化碳气、硫化氢气、氦气、氡气。

矿产资源勘查区块登记管理办法

（1998年2月12日，中华人民共和国国务院令第240号）

第一条 为了加强对矿产资源勘查的管理，保护探矿权人的合法权益，维护矿产资源勘查秩序，促进矿业发展，根据《中华人民共和国矿产资源法》，制定本办法。

第二条 在中华人民共和国领域及管辖的其他海域勘查矿产资源，必须遵守本办法。

第三条 国家对矿产资源勘查实行统一的区块登记管理制度。矿产资源勘查工作区范围以经纬度1′×1′划分的区块为基本单位区块。每个勘查项目允许登记的最大范围：

（一）矿泉水为10个基本单位区块；

（二）金属矿产、非金属矿产、放射性矿产为40个基本单位区块；

（三）地热、煤、水气矿产为200个基本单位区块；

（四）石油、天然气矿产为2 500个基本单位区块。

第四条 勘查下列矿产资源，由国务院地质矿产主管部门审批登记，颁发勘查许可证：

（一）跨省、自治区、直辖市的矿产资源；

（二）领海及中国管辖的其他海域的矿产资源；

（三）外商投资勘查的矿产资源；

（四）本办法附录所列的矿产资源。

勘查石油、天然气矿产的，经国务院指定的机关审查同意后，由国务院地质矿产主管部门登记，颁发勘查许可证。

勘查下列矿产资源，由省、自治区、直辖市人民政府地质矿产主管部门审批登记，颁发勘查许可证，并应当自发证之日起10 日内，向国务院地质矿产主管部门备案：

（一）本条第一款、第二款规定以外的矿产资源；

（二）国务院地质矿产主管部门授权省、自治区、直辖市人民政府地质矿产主管部门审批登记的矿产资源。

第五条 勘查出资人为探矿权申请人；但是，国家出资勘查的，国家委托勘查的单位为探矿权申请人。

第六条 探矿权申请人申请探矿权时，应当向登记管理机关提交下列资料：

（一）申请登记书和申请的区块范围图；

（二）勘查单位的资格证书复印件；

（三）勘查工作计划、勘查合同或者委托勘查的证明文件；

（四）勘查实施方案及附件；

（五）勘查项目资金来源证明；

（六）国务院地质矿产主管部门规定提交的其他资料。

申请勘查石油、天然气的，还应当提交国务院批准设立石油公司或者同意进行石油、天然气勘查的批准文件以及勘查单位法人资格证明。

第七条 申请石油、天然气滚动勘探开发的，应当向登记管理机关提交下列资料，经批准，办理登记手续，领取滚动勘探开发的采矿许可证：

（一）申请登记书和滚动勘探开发矿区范围图；

（二）国务院计划主管部门批准的项目建议书；

（三）需要进行滚动勘探开发的论证材料；

（四）经国务院矿产储量审批机构批准进行石油、天然气滚动勘探开发的储量报告；

（五）滚动勘探开发利用方案。

第八条 登记管理机关应当自收到申请之日起 40 日内，按照申请在先的原则作出准予登记或者不予登记的决定，并通知探矿权申请人。对申请勘查石油、天然气的，登记管理机关还应当在收到申请后及时予以公告或者提供查询。

登记管理机关应当保证国家地质勘查计划一类项目的登记，具体办法由国务院地质矿产主管部门会同国务院计划主管部门制定。

需要探矿权申请人修改或者补充本办法第六条规定的资料的，登记管理机关应当通知探矿权申请人限期修改或者补充。

准予登记的，探矿权申请人应当自收到通知之日起 30 日内，依照本办法第十二条的规定缴纳探矿权使用费，并依照本办法第十三条的规定缴纳国家出资勘查形成的探矿权价款，办理登记手续，领取勘查许可证，成为探矿权人。

不予登记的，登记管理机关应当向探矿权申请人说明理由。

第九条 禁止任何单位和个人进入他人依法取得探矿权的勘查作业区内进行勘查或者采矿活动。

探矿权人与采矿权人对勘查作业区范围和矿区范围发生争议的，由当事人协商解决；协商不成的，由发证的登记管理机关中级别高的登记管理机关裁决。

第十条 勘查许可证有效期最长为 3 年；但是，石油、天然气勘查许可证有效期最长为 7 年。需要延长勘查工作时间的，探矿权人应当在勘查许可证有效期届满的 30 日前，到登记管理机关办理延续登记手续，每次延续时间不得超过 2 年。

探矿权人逾期不办理延续登记手续的，勘查许可证自行废止。

石油、天然气滚动勘探开发的采矿许可证有效期最长为 15 年；但是，探明储量的区块，应当申请办理采矿许可证。

第十一条 登记管理机关应当自颁发勘查许可证之日起 10 日内，将登记发证项目的名称、探矿权人、区块范围和勘查许可证期限等事项，通知勘查项目所在地的县级人民政府负责地质矿产管理工作的部门。

登记管理机关对勘查区块登记发证情况，应当定期予以公告。

第十二条 国家实行探矿权有偿取得的制度。探矿权使用费以勘查年度计算，逐年缴纳。

探矿权使用费标准：第一个勘查年度至第三个勘查年度，每平方公里每年缴纳 100 元；从第四个勘查年度起，每平方公里每年增加 100 元，但是最高不得超过每平方公里每年 500 元。

第十三条 申请国家出资勘查并已经探明矿产地的区块的探矿权的，探矿权申请人除依照本办法第十二条的规定缴纳探矿权使用费外，还应当缴纳经评估确认的国家出资勘查形成的探矿权价款；探矿权价款按照国家有关规定，可以一次缴纳，也可以分期缴纳。

国家出资勘查形成的探矿权价款，由国务院地质矿产主管部门会同国务院国有资产管理部门认定的评估机构进行评估；评估结果由国务院地质矿产主管部门确认。

第十四条 探矿权使用费和国家出资勘查形成的探矿权价款，由登记管理机关收取，全部纳入国家预算管理。具体管理、使用办法，由国务院地质矿产主管部门会同国务院财政部门、计划主管部门制定。

第十五条 有下列情形之一的，由探矿权人提出申请，经登记管理机关按照国务院地质矿产主管部门会同国务院财政部门制定的探矿权使用费和探矿权价款的减免办法审查批准，可以减缴、免缴探矿权使用费和探矿权价款：

（一）国家鼓励勘查的矿种；

（二）国家鼓励勘查的区域；

（三）国务院地质矿产主管部门会同国务院财政部门规定的

其他情形。

第十六条 探矿权可以通过招标投标的方式有偿取得。

登记管理机关依照本办法第四条规定的权限确定招标区块，发布招标公告，提出投标要求和截止日期；但是，对境外招标的区块由国务院地质矿产主管部门确定。

登记管理机关组织评标，采取择优原则确定中标人。中标人缴纳本办法第十二条、第十三条规定的费用后，办理登记手续，领取勘查许可证，成为探矿权人，并履行标书中承诺的义务。

第十七条 探矿权人应当自领取勘查许可证之日起，按照下列规定完成最低勘查投入：

（一）第一个勘查年度，每平方公里2 000元；

（二）第二个勘查年度，每平方公里5 000元；

（三）从第三个勘查年度起，每个勘查年度每平方公里10 000元。

探矿权人当年度的勘查投入高于最低勘查投入标准的，高于的部分可以计入下一个勘查年度的勘查投入。

因自然灾害等不可抗力的原因，致使勘查工作不能正常进行的，探矿权人应当自恢复正常勘查工作之日起30日内，向登记管理机关提交申请核减相应的最低勘查投入的报告；登记管理机关应当自收到报告之日起30日内予以批复。

第十八条 探矿权人应当自领取勘查许可证之日起6个月内开始施工；在开始勘查工作时，应当向勘查项目所在地的县级人民政府负责地质矿产管理工作的部门报告，并向登记管理机关报告开工情况。

第十九条 探矿权人在勘查许可证有效期内进行勘查时，发现符合国家边探边采规定要求的复杂类型矿床的，可以申请开采，经登记管理机关批准，办理采矿登记手续。

第二十条 探矿权人在勘查石油、天然气等流体矿产期间，需要试采的，应当向登记管理机关提交试采申请，经批准后可以试采1年；需要延长试采时间的，必须办理登记手续。

第二十一条 探矿权人在勘查许可证有效期内探明可供开采的矿体后，经登记管理机关批准，可以停止相应区块的最低勘查投入，并可以在勘查许可证有效期届满的30日前，申请保留探矿权。但是，国家为了公共利益或者因技术条件暂时难以利用等情况，需要延期开采的除外。

保留探矿权的期限，最长不得超过2年，需要延长保留期的，可以申请延长2次，每次不得超过2年；保留探矿权的范围为可供开采的矿体范围。

在停止最低勘查投入期间或者探矿权保留期间，探矿权人应当依照本办法的规定，缴纳探矿权使用费。

探矿权保留期届满，勘查许可证应当予以注销。

第二十二条 有下列情形之一的，探矿权人应当在勘查许可证有效期内，向登记管理机关申请变更登记：

（一）扩大或者缩小勘查区块范围的；

（二）改变勘查工作对象的；

（三）经依法批准转让探矿权的；

（四）探矿权人改变名称或者地址的。

第二十三条 探矿权延续登记和变更登记，其勘查年度、探矿权使用费和最低勘查投入连续计算。

第二十四条 有下列情形之一的，探矿权人应当在勘查许可证有效期内，向登记管理机关递交勘查项目完成报告或者勘查项目终止报告，报送资金投入情况报表和有关证明文件，由登记管理机关核定其实际勘查投入后，办理勘查许可证注销登记手续：

（一）勘查许可证有效期届满，不办理延续登记或者不申请保留探矿权的；

（二）申请采矿权的；

（三）因故需要撤销勘查项目的。

自勘查许可证注销之日起90日内，原探矿权人不得申请已经注销的区块范围内的探矿权。

第二十五条 登记管理机关需要调查勘查投入、勘查工作进展情况，探矿权人应当如实报告并提供有关资料，不得虚报、瞒报，不得拒绝检查。

对探矿权人要求保密的申请登记资料、勘查工作成果资料和财务报表，登记管理机关应当予以保密。

第二十六条 违反本办法规定，未取得勘查许可证擅自进行勘查工作的，超越批准的勘查区块范围进行勘查工作的，由县级以上人民政府负责地质矿产管理工作的部门按照国务院地质矿产主管部门规定的权限，责令停止违法行为，予以警告，可以并处10万元以下的罚款。

第二十七条 违反本办法规定，未经批准，擅自进行滚动勘探开发、边探边采或者试采的，由县级以上人民政府负责地质矿产管理工作的部门按照国务院地质矿产主管部门规定的权限，责令停止违法行为，予以警告，没收违法所得，可以并处10万元以下的罚款。

第二十八条 违反本办法规定，擅自印制或者伪造、冒用勘查许可证的，由县级以上人民政府负责地质矿产管理工作的部门按照国务院地质矿产主管部门规定的权限，没收违法所得，可以并处10万元以下的罚款；构成犯罪的，依法追究刑事责任。

第二十九条 违反本办法规定，有下列行为之一的，由县级以上人民政府负责地质矿产管理工作的部门按照国务院地质矿产主管部门规定的权限，责令限期改正；逾期不改正的，处5万元以下的罚款；情节严重的，原发证机关可以吊销勘查许可证：

（一）不按照本办法的规定备案、报告有关情况、拒绝接受监督检查或者弄虚作假的；

（二）未完成最低勘查投入的；

（三）已经领取勘查许可证的勘查项目，满6个月未开始施工，或者施工后无故停止勘查工作满6个月的。

第三十条　违反本办法规定，不办理勘查许可证变更登记或者注销登记手续的，由登记管理机关责令限期改正；逾期不改正的，由原发证机关吊销勘查许可证。

第三十一条　违反本办法规定，不按期缴纳本办法规定应当缴纳的费用的，由登记管理机关责令限期缴纳，并从滞纳之日起每日加收2‰的滞纳金；逾期仍不缴纳的，由原发证机关吊销勘查许可证。

第三十二条　违反本办法规定勘查石油、天然气矿产的，由国务院地质矿产主管部门按照本办法的有关规定给予行政处罚。

第三十三条　探矿权人被吊销勘查许可证的，自勘查许可证被吊销之日起6个月内，不得再申请探矿权。

第三十四条　登记管理机关工作人员徇私舞弊、滥用职权、玩忽职守，构成犯罪的，依法追究刑事责任；尚不构成犯罪的，依法给予行政处分。

第三十五条　勘查许可证由国务院地质矿产主管部门统一印制。申请登记书、变更申请登记书、探矿权保留申请登记书和注销申请登记书的格式，由国务院地质矿产主管部门统一制定。

第三十六条　办理勘查登记手续，应当按照规定缴纳登记费。收费标准和管理、使用办法，由国务院物价主管部门会同国务院地质矿产主管部门、财政部门规定。

第三十七条　外商投资勘查矿产资源的，依照本办法的规定办理；法律、行政法规另有特别规定的，从其规定。

第三十八条　中外合作勘查矿产资源的，中方合作者应当在签订合同前，将合作的勘查区块、矿种等有关文件资料报原发证机关复核并签署意见；在签订合同后，向原发证机关备案。

第三十九条　本办法施行前已经取得勘查许可证的，由国务院地质矿产主管部门统一组织换领新的勘查许可证。探矿权使用费、最低勘查投入按照重新登记后的第一个勘查年度计算，并可以依照本办法的规定申请减缴、免缴。

第四十条　从事区域地质调查、区域矿产调查、区域地球物理调查、区域地球化学调查、航空遥感地质调查和区域水文地质调查、区域工程地质调查、区域环境地质调查、海洋地质调查等地质调查工作的，应当向登记管理机关备案。

第四十一条　本办法附录的修改，由国务院地质矿产主管部门报国务院批准后公布。

第四十二条　本办法自发布之日起施行。1987 年 4 月 29 日国务院发布的《矿产资源勘查登记管理暂行办法》和 1987 年 12 月 16 日国务院批准、石油工业部发布的《石油及天然气勘查、开采登记管理暂行办法》同时废止。

[附录] 国务院地质矿产主管部门审批发证矿种目录

1	煤	13	铬	25	稀土
2	石油	14	钴	26	磷
3	油页岩	15	铁	27	钾
4	烃类天然气	16	铜	28	硫
5	二氧化碳气	17	铅	29	锶
6	煤成（层）气	18	锌	30	金刚石
7	地热	19	铝	31	铌
8	放射性矿产	20	镍	32	钽
9	金	21	钨	33	石棉
10	银	22	锡	34	矿泉水
11	铂	23	锑		
12	锰	24	钼		

矿产资源开采登记管理办法

（1998年2月12日，中华人民共和国国务院令第241号）

第一条 为了加强对矿产资源开采的管理，保护采矿权人的合法权益，维护矿产资源开采秩序，促进矿业发展，根据《中华人民共和国矿产资源法》，制定本办法。

第二条 在中华人民共和国领域及管辖的其他海域开采矿产资源，必须遵守本办法。

第三条 开采下列矿产资源，由国务院地质矿产主管部门审批登记，颁发采矿许可证：

（一）国家规划矿区和对国民经济具有重要价值的矿区内的矿产资源；

（二）领海及中国管辖的其他海域的矿产资源；

（三）外商投资开采的矿产资源；

（四）本办法附录所列的矿产资源。

开采石油、天然气矿产的，经国务院指定的机关审查同意后，由国务院地质矿产主管部门登记，颁发采矿许可证。

开采下列矿产资源，由省、自治区、直辖市人民政府地质矿产主管部门审批登记，颁发采矿许可证：

（一）本条第一款、第二款规定以外的矿产储量规模中型以上的矿产资源；

（二）国务院地质矿产主管部门授权省、自治区、直辖市人民政府地质矿产主管部门审批登记的矿产资源。

开采本条第一款、第二款、第三款规定以外的矿产资源，由县级以上地方人民政府负责地质矿产管理工作的部门，按照省、自治区、直辖市人民代表大会常务委员会制定的管理办法审批登记，颁发采矿许可证。

矿区范围跨县级以上行政区域的，由所涉及行政区域的共同上一级登记管理机关审批登记，颁发采矿许可证。

县级以上地方人民政府负责地质矿产管理工作的部门在审批发证后，应当逐级向上一级人民政府负责地质矿产管理工作的部门备案。

第四条 采矿权申请人在提出采矿权申请前，应当根据经批准的地质勘查储量报告，向登记管理机关申请划定矿区范围。

需要申请立项，设立矿山企业的，应当根据划定的矿区范围，按照国家规定办理有关手续。

第五条 采矿权申请人申请办理采矿许可证时，应当向登记管理机关提交下列资料：

（一）申请登记书和矿区范围图；

（二）采矿权申请人资质条件的证明；

（三）矿产资源开发利用方案；

（四）依法设立矿山企业的批准文件；

（五）开采矿产资源的环境影响评价报告；

（六）国务院地质矿产主管部门规定提交的其他资料。

申请开采国家规划矿区或者对国民经济具有重要价值的矿区内的矿产资源和国家实行保护性开采的特定矿种的，还应当提交国务院有关主管部门的批准文件。

申请开采石油、天然气的，还应当提交国务院批准设立石油公司或者同意进行石油、天然气开采的批准文件以及采矿企业法人资格证明。

第六条 登记管理机关应当自收到申请之日起40日内，作出准予登记或者不予登记的决定，并通知采矿权申请人。

需要采矿权申请人修改或者补充本办法第五条规定的资料

的，登记管理机关应当通知采矿权申请人限期修改或者补充。

准予登记的，采矿权申请人应当自收到通知之日起30日内，依照本办法第九条的规定缴纳采矿权使用费，并依照本办法第十条的规定缴纳国家出资勘查形成的采矿权价款，办理登记手续，领取采矿许可证，成为采矿权人。

不予登记的，登记管理机关应当向采矿权申请人说明理由。

第七条 采矿许可证有效期，按照矿山建设规模确定：大型以上的，采矿许可证有效期最长为30年；中型的，采矿许可证有效期最长为20年；小型的，采矿许可证有效期最长为10年。采矿许可证有效期满，需要继续采矿的，采矿权人应当在采矿许可证有效期届满的30日前，到登记管理机关办理延续登记手续。

采矿权人逾期不办理延续登记手续的，采矿许可证自行废止。

第八条 登记管理机关在颁发采矿许可证后，应当通知矿区范围所在地的有关县级人民政府。有关县级人民政府应当自收到通知之日起90日内，对矿区范围予以公告，并可以根据采矿权人的申请，组织埋设界桩或者设置地面标志。

第九条 国家实行采矿权有偿取得的制度。采矿权使用费，按照矿区范围的面积逐年缴纳，标准为每平方公里每年1 000元。

第十条 申请国家出资勘查并已经探明矿产地的采矿权的，采矿权申请人除依照本办法第九条的规定缴纳采矿权使用费外，还应当缴纳经评估确认的国家出资勘查形成的采矿权价款；采矿权价款按照国家有关规定，可以一次缴纳，也可以分期缴纳。

国家出资勘查形成的采矿权价款，由国务院地质矿产主管部门会同国务院国有资产管理部门认定的评估机构进行评估；评估结果由国务院地质矿产主管部门确认。

第十一条 采矿权使用费和国家出资勘查形成的采矿权价款由登记管理机关收取，全部纳入国家预算管理。具体管理、使用办法，由国务院地质矿产主管部门会同国务院财政部门、计划主管部门制定。

第十二条 有下列情形之一的，由采矿权人提出申请，经省级以上人民政府登记管理机关按照国务院地质矿产主管部门会同国务院财政部门制定的采矿权使用费和采矿权价款的减免办法审查批准，可以减缴、免缴采矿权使用费和采矿权价款：

（一）开采边远贫困地区的矿产资源的；

（二）开采国家紧缺的矿种的；

（三）因自然灾害等不可抗力的原因，造成矿山企业严重亏损或者停产的；

（四）国务院地质矿产主管部门和国务院财政部门规定的其他情形。

第十三条 采矿权可以通过招标投标的方式有偿取得。

登记管理机关依照本办法第三条规定的权限确定招标的矿区范围，发布招标公告，提出投标要求和截止日期；但是，对境外招标的矿区范围由国务院地质矿产主管部门确定。

登记管理机关组织评标，采取择优原则确定中标人。中标人缴纳本办法第九条、第十条规定的费用后，办理登记手续，领取采矿许可证，成为采矿权人，并履行标书中承诺的义务。

第十四条 登记管理机关应当对本行政区域内的采矿权人合理开发利用矿产资源、保护环境及其他应当履行的法定义务等情况依法进行监督检查。采矿权人应当如实报告有关情况，并提交年度报告。

第十五条 有下列情形之一的，采矿权人应当在采矿许可证有效期内，向登记管理机关申请变更登记：

（一）变更矿区范围的；

（二）变更主要开采矿种的；

（三）变更开采方式的；

（四）变更矿山企业名称的；

（五）经依法批准转让采矿权的。

第十六条 采矿权人在采矿许可证有效期内或者有效期届满，停办、关闭矿山的，应当自决定停办或者关闭矿山之日起30日内，向原发证机关申请办理采矿许可证注销登记手续。

第十七条 任何单位和个人未领取采矿许可证擅自采矿的，擅自进入国家规划矿区和对国民经济具有重要价值的矿区范围采矿的，擅自开采国家规定实行保护性开采的特定矿种的，超越批准的矿区范围采矿的，由登记管理机关依照有关法律、行政法规的规定予以处罚。

第十八条 不依照本办法规定提交年度报告、拒绝接受监督检查或者弄虚作假的，由县级以上人民政府负责地质矿产管理工作的部门按照国务院地质矿产主管部门规定的权限，责令停止违法行为，予以警告，可以并处5万元以下的罚款；情节严重的，由原发证机关吊销采矿许可证。

第十九条 破坏或者擅自移动矿区范围界桩或者地面标志的，由县级以上人民政府负责地质矿产管理工作的部门按照国务院地质矿产主管部门规定的权限，责令限期恢复；情节严重的，处3万元以下的罚款。

第二十条 擅自印制或者伪造、冒用采矿许可证的，由县级以上人民政府负责地质矿产管理工作的部门按照国务院地质矿产主管部门规定的权限，没收违法所得，可以并处10万元以下的罚款；构成犯罪的，依法追究刑事责任。

第二十一条 违反本办法规定，不按期缴纳本办法规定应当缴纳的费用的，由登记管理机关责令限期缴纳，并从滞纳之日起每日加收2‰的滞纳金；逾期仍不缴纳的，由原发证机关吊销采矿许可证。

第二十二条 违反本办法规定，不办理采矿许可证变更登记或者注销登记手续的，由登记管理机关责令限期改正；逾期不改正的，由原发证机关吊销采矿许可证。

第二十三条 违反本办法规定开采石油、天然气矿产的，由国务院地质矿产主管部门按照本办法的有关规定给予行政处罚。

第二十四条 采矿权人被吊销采矿许可证的，自采矿许可证被吊销之日起 2 年内不得再申请采矿权。

第二十五条 登记管理机关工作人员徇私舞弊、滥用职权、玩忽职守，构成犯罪的，依法追究刑事责任；尚不构成犯罪的，依法给予行政处分。

第二十六条 采矿许可证由国务院地质矿产主管部门统一印制。申请登记书、变更申请登记书和注销申请登记书的格式，由国务院地质矿产主管部门统一制定。

第二十七条 办理采矿登记手续，应当按照规定缴纳登记费。收费标准和管理、使用办法，由国务院物价主管部门会同国务院地质矿产主管部门、财政部门规定。

第二十八条 外商投资开采矿产资源，依照本办法的规定办理；法律、行政法规另有特别规定的，从其规定。

第二十九条 中外合作开采矿产资源的，中方合作者应当在签订合同前，将合作的矿区范围、开采矿种、开发利用方案等资料报原发证机关复核并签署意见；在签订合同后，向原发证机关备案。

第三十条 本办法施行前已经取得采矿许可证的，由国务院地质矿产主管部门统一组织换领新采矿许可证。

本办法施行前已经开办的矿山企业，应当自本办法施行之日起开始缴纳采矿权使用费，并可以依照本办法的规定申请减缴、免缴。

第三十一条 登记管理机关应当对颁发的采矿许可证和吊销的采矿许可证予以公告。

第三十二条 本办法所称矿区范围，是指经登记管理机关依法划定的可供开采矿产资源的范围、井巷工程设施分布范围或者露天剥离范围的立体空间区域。

本办法所称开采方式，是指地下开采或者露天开采。

第三十三条 本办法附录的修改，由国务院地质矿产主管部门报国务院批准后公布。

第三十四条 本办法自发布之日起施行。1987 年 4 月 29 日国务院发布的《全民所有制矿山企业采矿登记管理暂行办法》和 1990 年 11 月 22 日《国务院关于修改〈全民所有制矿山企业采矿登记管理暂行办法〉的决定》同时废止。

［附录］国务院地质矿产主管部门审批发证矿种目录

1	煤	13	铬	25	稀土
2	石油	14	钴	26	磷
3	油页岩	15	铁	27	钾
4	烃类天然气	16	铜	28	硫
5	二氧化碳气	17	铅	29	锶
6	煤成（层）气	18	锌	30	金刚石
7	地热	19	铝	31	铌
8	放射性矿产	20	镍	32	钽
9	金	21	钨	33	石棉
10	银	22	锡	34	矿泉水
11	铂	23	锑		
12	锰	24	钼		

探矿权采矿权转让管理办法

（1998年2月12日，中华人民共和国国务院令第242号）

第一条 为了加强对探矿权、采矿权转让的管理，保护探矿权人、采矿权人的合法权益，促进矿业发展，根据《中华人民共和国矿产资源法》，制定本办法。

第二条 在中华人民共和国领域及管辖的其他海域转让依法取得的探矿权、采矿权的，必须遵守本办法。

第三条 除按照下列规定可以转让外，探矿权、采矿权不得转让：

（一）探矿权人有权在划定的勘查作业区内进行规定的勘查作业，有权优先取得勘查作业区内矿产资源的采矿权。探矿权人在完成规定的最低勘查投入后，经依法批准，可以将探矿权转让他人。

（二）已经取得采矿权的矿山企业，因企业合并、分立，与他人合资、合作经营，或者因企业资产出售以及有其他变更企业资产产权的情形，需要变更采矿权主体的，经依法批准，可以将采矿权转让他人采矿。

第四条 国务院地质矿产主管部门和省、自治区、直辖市人民政府地质矿产主管部门是探矿权、采矿权转让的审批管理机关。

国务院地质矿产主管部门负责由其审批发证的探矿权、采矿权转让的审批。

省、自治区、直辖市人民政府地质矿产主管部门负责本条第二款规定以外的探矿权、采矿权转让的审批。

第五条 转让探矿权，应当具备下列条件：

（一）自颁发勘查许可证之日起满 2 年，或者在勘查作业区内发现可供进一步勘查或者开采的矿产资源；

（二）完成规定的最低勘查投入；

（三）探矿权属无争议；

（四）按照国家有关规定已经缴纳探矿权使用费、探矿权价款；

（五）国务院地质矿产主管部门规定的其他条件。

第六条 转让采矿权，应当具备下列条件：

（一）矿山企业投入采矿生产满 1 年；

（二）采矿权属无争议；

（三）按照国家有关规定已经缴纳采矿权使用费、采矿权价款、矿产资源补偿费和资源税；

（四）国务院地质矿产主管部门规定的其他条件。

国有矿山企业在申请转让采矿权前，应当征得矿山企业主管部门的同意。

第七条 探矿权或者采矿权转让的受让人，应当符合《矿产资源勘查区块登记管理办法》或者《矿产资源开采登记管理办法》规定的有关探矿权申请人或者采矿权申请人的条件。

第八条 探矿权人或者采矿权人在申请转让探矿权或者采矿权时，应当向审批管理机关提交下列资料：

（一）转让申请书；

（二）转让人与受让人签订的转让合同；

（三）受让人资质条件的证明文件；

（四）转让人具备本办法第五条或者第六条规定的转让条件的证明；

（五）矿产资源勘查或者开采情况的报告；

（六）审批管理机关要求提交的其他有关资料。

国有矿山企业转让采矿权时，还应当提交有关主管部门同意转让采矿权的批准文件。

第九条 转让国家出资勘查所形成的探矿权、采矿权的，必须进行评估。

探矿权、采矿权转让的评估工作，由国务院地质矿产主管部门会同国务院国有资产管理部门认定的评估机构进行；评估结果由国务院地质矿产主管部门确认。

第十条 申请转让探矿权、采矿权的，审批管理机关应当自收到转让申请之日起 40 日内，作出准予转让或者不准转让的决定，并通知转让人和受让人。

准予转让的，转让人和受让人应当自收到批准转让通知之日起 60 日内，到原发证机关办理变更登记手续；受让人按照国家规定缴纳有关费用后，领取勘查许可证或者采矿许可证，成为探矿权人或者采矿权人。

批准转让的，转让合同自批准之日起生效。

不准转让的，审批管理机关应当说明理由。

第十一条 审批管理机关批准转让探矿权、采矿权后，应当及时通知原发证机关。

第十二条 探矿权、采矿权转让后，探矿权人、采矿权人的权利、义务随之转移。

第十三条 探矿权、采矿权转让后，勘查许可证、采矿许可证的有效期限，为原勘查许可证、采矿许可证的有效期减去已经进行勘查、采矿的年限的剩余期限。

第十四条 未经审批管理机关批准，擅自转让探矿权、采矿权的，由登记管理机关责令改正，没收违法所得，处 10 万元以下的罚款；情节严重的，由原发证机关吊销勘查许可证、采矿许可证。

第十五条 违反本办法第三条第（二）项的规定，以承包等方式擅自将采矿权转给他人进行采矿的，由县级以上人民政府负责地质矿产管理工作的部门按照国务院地质矿产主管部门规定的权限，责令改正，没收违法所得，处10万元以下的罚款；情节严重的，由原发证机关吊销采矿许可证。

第十六条 审批管理机关工作人员徇私舞弊、滥用职权、玩忽职守，构成犯罪的，依法追究刑事责任；尚不构成犯罪的，依法给予行政处分。

第十七条 探矿权转让申请书、采矿权转让申请书的格式，由国务院地质矿产主管部门统一制定。

第十八条 办法自发布之日起施行。

矿业权出让转让管理暂行规定

（2000 年 10 月 31 日，国土资源部，国土资发［2000］309 号）

第一章 总 则

第一条 为了培育、规范矿业权市场，根据《中华人民共和国矿产资源法》、《矿产资源勘查区块登记管理办法》、《矿产资源开采登记管理办法》和《探矿权采矿权转让管理办法》，制定本规定。

第二条 在中华人民共和国领域及其管辖海域出让、转让矿业权适用本办法。

第三条 探矿权、采矿权为财产权，统称为矿业权，适用于不动产法律法规的调整原则。

依法取得矿业权的自然人、法人或其他经济组织称为矿业权人。

矿业权人依法对其矿业权享有占有、使用、收益和处分权。

第四条 矿业权的出让由县级以上人民政府地质矿产主管部门根据《矿产资源勘查区块登记管理办法》、《矿产资源开采登记管理办法》及省、自治区、直辖市人民代表大会常务委员会制定的管理办法规定的权限，采取批准申请、招标、拍卖等方式进行。

出让矿业权的范围可以是国家出资勘查并已经探明的矿产地、依法收归国有的矿产地和其他矿业权空白地。

第五条 各级地质矿产主管部门按照法定管辖权限出让国家

出资勘查并已经探明的矿产地的矿业权时，应委托具有国务院地质矿产主管部门认定的有矿业权评估资格的评估机构（以下简称“评估机构”）进行矿业权评估。

第六条 矿业权人可以依照本办法的规定采取出售、作价出资、合作勘查或开采、上市等方式依法转让矿业权。

转让双方应按规定到原登记发证机关办理矿业权变更登记手续。但是受让方为外商投资矿山企业的，应到具有外商投资矿山企业发证权的登记管理机关办理变更登记手续。

矿业权人可以依照本办法的规定出租、抵押矿业权。

第七条 国务院地质矿产主管部门负责由其审批发证的矿业权转让的审批。省、自治区、直辖市人民政府地质矿产主管部门负责其他矿业权转让的审批。

第八条 矿业权人转让国家出资勘查形成的矿业权的，应由矿业权人委托评估机构进行矿业权评估。

第九条 国家出资是指中央财政或地方财政以地质勘探费、矿产资源补偿费、各种基金以及专项经费等安排用于矿产资源勘查的拨款。

第十条 中央财政出资勘查形成矿产地的矿业权的评估结果，由国务院地质矿产主管部门确认。地方财政出资勘查形成矿产地的矿业权的评估结果，委托省级人民政府地质矿产主管部门进行确认。

中央和地方财政共同出资勘查形成矿产地的矿业权的评估结果，经省级人民政府地质矿产主管部门提出审查意见，由国务院地质矿产主管部门确认。

国家与企业或个人等共同出资勘查形成矿产地的矿业权的评估结果，按照国家出资的渠道，分别由国务院地质矿产主管部门或委托省级人民政府地质矿产主管部门进行确认。

第十一条 申请出让经勘查形成矿产地的矿业权的价款，经登记管理机关批准可以分期缴纳。申请分期缴纳矿业权价款，应向登记管理机关说明理由，并承诺分期缴纳的额度和期限，经批准后实施。

国有地勘单位或国有矿山企业申请出让经勘查形成矿产地的矿业权符合国家有关规定的，可以按照规定申请将应交纳的矿业权价款部分或全部转增国家资本，并经审查批准后实施。

第十二条 探矿权人在其勘查作业区内申请采矿权的，矿业权可不评估，登记管理机关不收取价款。

矿山企业进行合资、合作、合并、兼并等重组改制时，应进行采矿权评估，办理采矿权转让审批和变更登记手续。是国家出资勘查形成的采矿权的，应由国务院或省级地质矿产主管部门对评估的采矿权价款进行确认，登记管理机关不收取采矿权价款。

第十三条 矿业权申请人、矿业权投标人、矿业权竞买人、矿业权承租人，应当具备相应的资质条件。

第十四条 矿业权出让时，登记管理机关应一并提供相应的地质资料。矿业权转让时，转让人应一并提供相应的地质资料。

第二章 矿业权出让

第十五条 矿业权出让是指登记管理机关以批准申请、招标、拍卖等方式向矿业权申请人授予矿业权的行为。

第十六条 在探矿权有效期和保留期内，探矿权人有优先取得勘查作业区内矿产资源采矿权的权利，未经探矿权人的同意，登记管理机关不得在该勘查作业区内受理他人的矿业权申请。

第十七条 以批准申请方式出让经勘查形成矿产地的矿业权的，登记管理机关按照评估确认的结果收缴矿业权价款。

以招标、拍卖方式出让经勘查形成矿产地的矿业权的，登记管理机关应依据评估确认的结果确定招标、拍卖的底价或保留价，成交后登记管理机关按照实际交易额收取矿业权价款。

第一节　批准申请

第十八条　矿业权批准申请出让是指登记管理机关通过审查批准矿业权申请人的申请，授予矿业权申请人矿业权的行为。

第十九条　矿业权申请人应是出资人或由其出资设立的法人。但是，国家出资勘查的，由出资的机构指定探矿权申请人。两个以上出资人设立合资或合作企业进行勘查、开采矿产资源的，企业是矿业权申请人；不设立合作企业进行勘查、开采矿产资源的，则由出资人共同出具书面文件指定矿业权申请人。

采矿权申请人应为企业法人，个体采矿的应依法设立个人独资企业。

第二十条　矿业权批准申请的条件和程序按国务院有关规定执行。

第二十一条　国家确定的矿业权招标区域不再受理单独的矿业权申请。

第二节　招　标

第二十二条　矿业权招标出让是指登记管理机关依照有关法律法规的规定，通过招标方式使中标人有偿获得矿业权的行为。

第二十三条　登记管理机关可以作为招标人在其矿业权审批权限内直接组织招标，也可以委托中介机构代理招标。

第二十四条　登记管理机关采用招标方式出让矿业权时，应将确定的拟招标区块或矿区范围、招标时间和投标人的资质条件要求，在《国土资源报》发布公告。

第二十五条　招标文件发布之日起至投标人提交投标文件截

止之日止，最短不得少于20日。

第二十六条 登记管理机关采用招标方式出让矿业权时，应委托评估机构对矿业权进行评估。经依法确认的评估结果可以作为确定标底的依据。

第二十七条 登记管理机关可以根据矿业权的情况，以矿业权价款、资金投入或其他指标设定单项或综合标底。

第二十八条 设定资金投入为标底进行招标的，中标人在办理登记时须向登记管理机关指定银行的押金专户交纳押金。押金的数额根据中标人投标时承诺投入资金总额的一定比例确定。押金的比例在标书公告中明确。年度审查时根据资金投入的数额，登记管理机关按比例返还押金。未按承诺投入资金的，押金不予退还，由登记管理机关上缴同级财政。

第二十九条 登记管理机关、招标人和矿业权评估机构应对矿业权评估价值、招标标底严格保密。

第三十条 登记管理机关组织评标，依法组建评标委员会，采取择优的原则确定中标人。

第三节 拍 卖

第三十一条 矿业权拍卖出让是指登记管理机关遵照有关法律法规规定的原则和程序，委托拍卖人以公开竞价的形式，向申请矿业权竞价最高者出让矿业权的行为。

第三十二条 登记管理机关在其矿业权审批权限内组织矿业权拍卖。

第三十三条 拟拍卖矿业权的区块或范围、拍卖时间和对竞买人的资质条件要求由登记管理机关确定，并在《国土资源报》发布公告。

第三十四条 拍卖出让经勘查形成矿产地的矿业权，由登记管理机关委托评估机构评估，经依法确认的评估结果可以作为拍卖标的保留价。

第三十五条 买受人应在规定时间内，按规定缴纳有关费用和拍卖价款，依法办理登记手续，领取许可证。逾期未缴齐费用和价款、未办理登记手续的，视买受人自动放弃买受行为，并承担相应的违约责任。

第三章 矿业权转让

第三十六条 矿业权转让是指矿业权人将矿业权转移的行为，包括出售、作价出资、合作、重组改制等。

矿业权的出租、抵押，按照矿业权转让的条件和程序进行管理，由原发证机关审查批准。

第三十七条 各种形式的矿业权转让，转让双方必须向登记管理机关提出申请，经审查批准后办理变更登记手续。

第三十八条 采矿权人不得将采矿权以承包等方式转给他人开采经营。

第三十九条 转让国家出资勘查形成的矿业权的，转让人以评估确认的结果为底价向受让人收取矿业权价款或作价出资。

国有地质勘查单位转让国家出资勘查形成的矿业权的收益，应按勘查时的实际投入数转增国家基金，其余部分计入主营业务收入。

国有矿山企业转让国家出资勘查形成的矿业权的收益做国家资本处置的，应按照国务院地质矿产主管部门和国务院财政主管部门的规定报批执行。

非国有矿山企业转让国家出资勘查形成矿产地的采矿权的，由登记管理机关收取相应的采矿权价款。但是符合本规定第十二条的除外。

第一节 出售、作价出资、合作

第四十条 矿业权出售是指矿业权人依法将矿业权出卖给他人进行勘查、开采矿产资源的行为。

第四十一条 矿业权作价出资是指矿业权人依法将矿业权作价后，作为资本投入企业，并按出资数额行使相应权利，履行相应义务的行为。

第四十二条 合作勘查或合作开采经营是指矿业权人引进他人资金、技术、管理等，通过签订合作合同约定权利义务，共同勘查、开采矿产资源的行为。

第四十三条 矿业权人改组成上市的股份制公司时，可将矿业权作价计入上市公司资本金，也可将矿业权转让给上市公司向社会披露，但在办理转让审批和变更登记手续前，均应委托评估矿业权，矿业权评估结果报国务院地质矿产主管部门确认。

矿业股份制公司在境外上市的，可按照所上市国的规定通过境外评估机构评估矿业权，但应将评估报告向国务院地质矿产主管部门备案。

第四十四条 出售矿业权或者通过设立合作、合资法人勘查、开采矿产资源的，应申请办理矿业权转让审批和变更登记手续。

不设立合作、合资法人勘查或开采矿产资源的，在签订合作或合资合同后，应当将相应的合同向登记管理机关备案。

采矿权申请人领取采矿许可证后，因与他人合资、合作进行采矿而设立新企业的，可不受投入采矿生产满一年的限制。

第四十五条 需要部分出售矿业权的，必须在申请出售前向登记管理机关提出分立矿业权的申请，经批准并办理矿业权变更登记手续。

采矿权原则上不得部分转让。

第四十六条 矿业权转让的当事人须依法签订矿业权转让合同。依转让方式的不同，转让合同可以是出售转让合同、合资转让合同或合作转让合同。

转让申请被批准之日起，转让合同生效。

第四十七条 矿业权转让合同应包括以下基本内容：

（一）矿业权转让人、受让人的名称、法定代表人、注册地址；

（二）申请转让矿业权的基本情况，包括当前权属关系、许可证编号、发证机关、矿业权的地理位置坐标、面积、许可证有效期限及勘查工作程度或开采情况等；

（三）转让方式和转让价格，付款方式或权益实现方式等；

（四）争议解决方式；

（五）违约责任。

第四十八条 转让人和受让人收到转让批准通知书后，应在规定时间内办理变更登记手续；逾期未办理的，视为自动放弃转让行为，已批准的转让申请失效。

第二节 出 租

第四十九条 矿业权出租是指矿业权人作为出租人将矿业权租赁给承租人，并向承租人收取租金的行为。

矿业权出租应当符合国务院规定的矿业权转让的条件。

矿业权人在矿业权出租期间继续履行矿业权人的法定的义务并承担法律责任。

第五十条 出租国家出资勘查形成的矿产地的采矿权的，应按照采矿权转让的规定进行评估、确认，采矿权价款按有关规定进行处置。

已出租的采矿权不得出售、合资、合作、上市和设定抵押。

第五十一条 矿业权人申请出租矿业权时应向登记管理机关提交以下材料：

（一）出租申请书；

（二）许可证复印件；

（三）矿业权租赁合同书；

（四）承租人的资质条件证明或营业执照；

（五）登记管理机关要求提交的其他有关资料。

第五十二条 矿业权租赁合同应包括以下主要内容：

（一）出租人、承租人的名称、法定代表人的姓名、注册地址或住所；

（二）租赁矿业权的名称、许可证号、发证机关、有效期、矿业权范围坐标、面积、矿种；

（三）租赁期限、用途；

（四）租金数额，交纳方式；

（五）租赁双方的权利和义务；

（六）合同生效期限；

（七）争议解决方式；

（八）违约责任。

第五十三条 矿业权承租人不得再行转租矿业权。

采矿权的承租人在开采过程中，需要改变开采方式和主矿种的，必须由出租人报经登记管理机关批准并办理变更登记手续。

采矿权人被依法吊销采矿许可证时，由此产生的后果由责任方承担。

第五十四条 租赁关系终止后的20日内，出租人应向登记管理机关申请办理注销出租手续。

第三节 抵 押

第五十五条 矿业权抵押是指矿业权人依照有关法律作为债务人以其拥有的矿业权在不转移占有的前提下，向债权人提供担保的行为。

以矿业权作抵押的债务人为抵押人，债权人为抵押权人，提供担保的矿业权为抵押物。

第五十六条 债权人要求抵押人提供抵押物价值的，抵押人应委托评估机构评估抵押物。

第五十七条 矿业权设定抵押时，矿业权人应持抵押合同和矿业权许可证到原发证机关办理备案手续。矿业权抵押解除后20日内，矿业权人应书面告知原发证机关。

第五十八条 债务人不履行债务时，债权人有权申请实现抵押权，并从处置的矿业权所得中依法受偿。新的矿业权申请人应符合国家规定的资质条件，当事人应依法办理矿业权转让、变更登记手续。

采矿权人被吊销许可证时，由此产生的后果由债务人承担。

第四章 监督管理

第五十九条 矿业权人不履行缴纳矿业权价款承诺的，由登记管理机关依照《矿产资源区块登记管理办法》第三十一条、《矿产资源开采登记管理办法》第二十一条的规定予以处罚。

第六十条 在招标、拍卖矿业权过程中，受委托的中介机构、评标委员会、投标人、竞标人有违法、违规行为的，由登记管理机关按有关法律法规的规定予以处罚。

评估机构在招标、拍卖过程中泄露评估价值的，除依法追究法律责任外，国务院地质矿产主管部门责令其停业一年，再次发生的，取消评估资格。

第六十一条 未经登记管理机关批准，擅自转让矿业权或违反本办法规定出租矿业权的，由登记管理机关依据《探矿权采矿权转让管理办法》第十四条的规定予以处罚。

第六十二条 矿业权出租方违反本规定的，矿业权人将矿业权承包给他人开采、经营的，由登记管理机关按照《探矿权采矿权转让管理办法》第十五条的规定予以处罚。

第六十三条 违反有关法律和本规定所设定的矿业权抵押无效。

第六十四条 登记管理机关违反本规定发证或审批的，应及时纠正；对当事人造成损失的，应依据有关法律规定给予赔偿。

第六十五条 登记管理机关工作人员徇私舞弊、滥用职权、玩忽职守，构成犯罪的，依法追究刑事责任；尚不构成犯罪的，依法给予行政处分。

第五章 附 则

第六十六条 以非法人组织申请探矿权或转让探矿权的，比照法人申请探矿权或转让探矿权的程序办理。

第六十七条 以赠予、继承、交换等方式转让矿业权的，当事人应携带有关证明文件至登记管理机关办理变更登记手续。

第六十八条 《探矿权采矿权转让管理办法》颁布前已经签订承包合同的矿山企业，应于2001年6月30日前，按本规定关于矿业权出租管理的规定，补办有关手续。逾期不办的，按本规定第六十二条处理。

第六十九条 本规定自发布之日起执行。

探矿权采矿权招标拍卖挂牌管理办法(试行)

(2003 年 6 月 11 日，国土资源部，国土资发［2003］197 号)

第一章 总 则

第一条 为完善探矿权采矿权有偿取得制度，规范探矿权采矿权招标拍卖挂牌活动，维护国家对矿产资源的所有权，保护探矿权人、采矿权人合法权益，根据《中华人民共和国矿产资源法》、《矿产资源勘查区块登记管理办法》和《矿产资源开采登记管理办法》，制定本办法。

第二条 探矿权采矿权招标拍卖挂牌活动，按照颁发勘查许可证、采矿许可证的法定权限，由县级以上人民政府国土资源行政主管部门（以下简称主管部门）负责组织实施。

第三条 本办法所称探矿权采矿权招标，是指主管部门发布招标公告，邀请特定或者不特定的投标人参加投标，根据投标结果确定探矿权采矿权中标人的活动。

本办法所称探矿权采矿权拍卖，是指主管部门发布拍卖公告，由竞买人在指定的时间、地点进行公开竞价，根据出价结果确定探矿权采矿权竞得人的活动。

本办法所称探矿权采矿权挂牌，是指主管部门发布挂牌公告，在挂牌公告规定的期限和场所接受竞买人的报价申请并更新挂牌价格，根据挂牌期限截止时的出价结果确定探矿权采矿权竞得人的活动。

第四条 探矿权采矿权招标拍卖挂牌活动，应当遵循公开、公平、公正和诚实信用的原则。

第五条 国土资源部负责全国探矿权采矿权招标拍卖挂牌活动的监督管理。

上级主管部门负责监督下级主管部门的探矿权采矿权招标拍卖挂牌活动。

第六条 主管部门工作人员在探矿权采矿权招标拍卖挂牌活动中玩忽职守、滥用职权、徇私舞弊的，依法给予行政处分。

第二章 范 围

第七条 新设探矿权有下列情形之一的，主管部门应当以招标拍卖挂牌的方式授予：

（一）国家出资勘查并已探明可供进一步勘查的矿产地；

（二）探矿权灭失的矿产地；

（三）国家和省两级矿产资源勘查专项规划划定的勘查区块。

第八条 新设采矿权有下列情形之一的，主管部门应当以招标拍卖挂牌的方式授予：

（一）国家出资勘查并已探明可供开采的矿产地；

（二）采矿权灭失的矿产地；

（三）探矿权灭失的可供开采的矿产地；

（四）主管部门规定无需勘查即可直接开采的矿产；

（五）国土资源部、省级主管部门规定的其他情形。

第九条 符合本办法第七条、第八条规定的范围，有下列情形之一的，主管部门应当以招标的方式授予探矿权采矿权：

（一）国家出资的勘查项目；

（二）矿产资源储量规模为大型的能源、金属矿产地；

（三）共伴生组分多、综合利用技术水平要求高的矿产地；

（四）对国民经济具有重要价值的矿区；

（五）根据法律法规、国家政策规定可以新设探矿权采矿权的环境敏感地区和未达到国家规定的环境质量标准的地区。

第十条 有下列情形之一的，主管部门不得以招标拍卖挂牌的方式授予：

（一）探矿权人依法申请其勘查区块范围内的采矿权；

（二）符合矿产资源规划或者矿区总体规划的矿山企业的接续矿区、已设采矿权的矿区范围上下部需要统一开采的区域；

（三）为国家重点基础设施建设项目提供建筑用矿产；

（四）探矿权采矿权权属有争议；

（五）法律法规另有规定以及主管部门规定因特殊情形不适于以招标拍卖挂牌方式授予的。

第十一条 违反本办法第七条、第八条、第九条和第十条的规定授予探矿权采矿权的，由上级主管部门责令限期改正；逾期不改正的，对直接负责的主管人员和其他直接责任人员依法给予行政处分。

第三章 实 施

第一节 一般规定

第十二条 探矿权采矿权招标拍卖挂牌活动，应当有计划地进行。

主管部门应当根据矿产资源规划、矿产资源勘查专项规划、矿区总体规划、国家产业政策以及市场供需情况，按照颁发勘查许可证、采矿许可证的法定权限，编制探矿权采矿权招标拍卖挂牌年度计划，报上级主管部门备案。

第十三条 上级主管部门可以委托下级主管部门组织探矿权

采矿权招标拍卖挂牌的具体工作，勘查许可证、采矿许可证由委托机关审核颁发。

受委托的主管部门不得再委托下级主管部门组织探矿权采矿权招标拍卖挂牌的具体工作。

第十四条 主管部门应当根据探矿权采矿权招标拍卖挂牌年度计划和《外商投资产业指导目录》，编制招标拍卖挂牌方案；招标拍卖挂牌方案，县级以上地方主管部门可以根据实际情况报同级人民政府组织审定。

第十五条 主管部门应当根据招标拍卖挂牌方案，编制招标拍卖挂牌文件。

招标拍卖挂牌文件，应当包括招标拍卖挂牌公告、标书、竞买申请书、报价单、矿产地的地质报告、矿产资源开发利用和矿山环境保护要求、成交确认书等。

第十六条 招标标底、拍卖挂牌底价，由主管部门依规定委托有探矿权采矿权评估资质的评估机构或者采取询价、类比等方式进行评估，并根据评估结果和国家产业政策等综合因素集体决定。

在招标拍卖挂牌活动结束之前，招标标底、拍卖挂牌底价须保密，且不得变更。

第十七条 招标拍卖挂牌公告应当包括下列内容：

（一）主管部门的名称和地址；

（二）拟招标拍卖挂牌的勘查区块、开采矿区的简要情况；

（三）申请探矿权采矿权的资质条件以及取得投标人、竞买人资格的要求；

（四）获取招标拍卖挂牌文件的办法；

（五）招标拍卖挂牌的时间、地点；

（六）投标或者竞价方式；

（七）确定中标人或者竞得人的标准和方法；

（八）投标、竞买保证金及其缴纳方式和处置方式；

（九）其他需要公告的事项。

第十八条 主管部门应当依规定对投标人、竞买人进行资格审查。对符合资质条件和资格要求的，应当通知投标人、竞买人参加招标拍卖挂牌活动以及缴纳投标、竞买保证金的时间和地点。

第十九条 投标人、竞买人按照通知要求的时间和地点缴纳投标、竞买保证金后，方可参加探矿权采矿权招标拍卖挂牌活动；逾期未缴纳的，视为放弃。

第二十条 以招标拍卖挂牌方式确定中标人、竞得人后，主管部门应当与中标人、竞得人签订成交确认书。中标人、竞得人逾期不签订的，中标、竞得结果无效，所缴纳的投标、竞买保证金不予退还。

成交确认书应当包括下列内容：

（一）主管部门和中标人、竞得人的名称、地址；

（二）成交时间、地点；

（三）中标、竞得的勘查区块、开采矿区的简要情况；

（四）探矿权采矿权价款；

（五）探矿权采矿权价款的缴纳时间、方式；

（六）矿产资源开发利用和矿山环境保护要求；

（七）办理登记时间；

（八）主管部门和中标人、竞得人约定的其他事项。

成交确认书具有合同效力。

第二十一条 主管部门应当在颁发勘查许可证、采矿许可证前一次性收取探矿权采矿权价款。探矿权采矿权价款数额较大的，经上级主管部门同意可以分期收取。

探矿权采矿权价款的使用和管理按照有关规定执行。

第二十二条 中标人、竞得人缴纳的投标、竞买保证金，可以抵作价款。其他投标人、竞买人缴纳的投标、竞买保证金，主管部门须在招标拍卖挂牌活动结束后5个工作日内予以退还，不计利息。

第二十三条 招标拍卖挂牌活动结束后，主管部门应当在10个工作日内将中标、竞得结果在指定的场所、媒介公布。

第二十四条 中标人、竞得人提供虚假文件隐瞒事实、恶意串通、向主管部门或者评标委员会及其成员行贿或者采取其他非法手段中标或者竞得的，中标、竞得结果无效，所缴纳的投标、竞买保证金不予退还。

第二十五条 主管部门应当按照成交确认书所约定的时间为中标人、竞得人办理登记，颁发勘查许可证、采矿许可证，并依法保护中标人、竞得人的合法权益。

第二十六条 主管部门在签订成交确认书后，改变中标、竞得结果或者未依法办理勘查许可证、采矿许可证的，由上级主管部门责令限期改正，对直接负责的主管人员和其他直接责任人员依法给予行政处分；给中标人、竞得人造成损失的，中标人、竞得人可以依法申请行政赔偿。

第二十七条 主管部门负责建立招标拍卖挂牌的档案，档案包括投标人、评标委员会、中标人、竞买人和竞得人的基本情况、招标拍卖挂牌过程、中标、竞得结果等。

第二节　招　标

第二十八条 探矿权采矿权招标的，投标人不得少于三人。

投标人少于三人，属采矿权招标的，主管部门应当依照本办法重新组织招标；属探矿权招标的，主管部门可以以挂牌方式授予探矿权。

第二十九条 主管部门应当确定投标人编制投标文件所需的

合理时间；但是自招标文件发出之日起至投标人提交投标文件截止之日，最短不得少于30日。

第三十条 投标、开标依照下列程序进行：

（一）投标人按照招标文件的要求编制投标文件，在提交投标文件截止之日前，将投标文件密封后送达指定地点，并附具对投标文件承担责任的书面承诺。

在提交投标文件截止之日前，投标人可以补充、修改但不得撤回投标文件。补充、修改的内容作为投标文件的组成部分。

（二）主管部门签收投标文件后，在开标之前不得开启；对在提交投标文件的截止之日后送达的，不予受理。

（三）开标应当在招标文件确定的时间、地点公开进行。开标由主管部门主持，邀请全部投标人参加。

开标时，由投标人或者其推选的代表检查投标文件的密封情况，当众拆封，宣读投标人名称、投标价格和投标文件的主要内容。

（四）评标由主管部门组建的评标委员会负责。评标委员会应当按照招标文件确定的评标标准和方法，对投标文件进行评审。评审时，可以要求投标人对投标文件作出必要的澄清或者说明，但该澄清或者说明不得超出投标文件的范围或者改变投标文件的实质内容。

评标委员会完成评标后，应当提出书面评标报告和中标候选人，报主管部门确定中标人；主管部门也可委托评标委员会直接确定中标人。

评标委员会经评审，认为所有的投标文件都不符合招标文件要求的，可以否决所有的投标。

第三十一条 评标委员会成员人数为五人以上单数，由主管部门根据拟招标的探矿权采矿权确定，有关技术、经济方面的专家不得少于成员总数的三分之二。

在中标结果公布前，评标委员会成员名单须保密。

第三十二条 评标委员会成员收受投标人的财物或其他好处的，或者向他人透露标底或有关其他情况的，主管部门应当取消其担任评标委员会成员的资格。

第三十三条 确定的中标人应当符合下列条件之一：

（一）能够最大限度地满足招标文件中规定的各项综合评价标准；

（二）能够满足招标文件的实质性要求，并且经评审的投标价格最高，但投标价格低于标底的除外。

第三十四条 中标人确定后，主管部门应当通知中标人在接到通知之日起5日内签订成交确认书，并同时将中标结果通知所有投标人。

第三节 拍 卖

第三十五条 探矿权采矿权拍卖的，竞买人不得少于三人。少于三人的，主管部门应当停止拍卖。

第三十六条 探矿权采矿权拍卖的，主管部门应当于拍卖日20日前发布拍卖公告。

第三十七条 拍卖会依照下列程序进行：

（一）拍卖主持人点算竞买人；

（二）拍卖主持人介绍探矿权采矿权的简要情况；

（三）宣布拍卖规则和注意事项；

（四）主持人报出起叫价；

（五）竞买人应价。

第三十八条 无底价的，拍卖主持人应当在拍卖前予以说明；有底价的，竞买人的最高应价未达到底价的，该应价不发生效力，拍卖主持人应当停止拍卖。

第三十九条 竞买人的最高应价经拍卖主持人落槌表示拍卖成交，拍卖主持人宣布该最高应价的竞买人为竞得人。

主管部门和竞得人应当当场签订成交确认书。

第四节 挂 牌

第四十条 探矿权采矿权挂牌的，主管部门应当于挂牌起始日 20 日前发布挂牌公告。

第四十一条 探矿权采矿权挂牌的，主管部门应当在挂牌起始日，将起始价、增价规则、增价幅度、挂牌时间等，在挂牌公告指定的场所挂牌公布。

挂牌时间不得少于 10 个工作日。

第四十二条 竞买人的竞买保证金在挂牌期限截止前缴纳的，方可填写报价单报价。主管部门受理其报价并确认后，更新挂牌价格。

第四十三条 挂牌期间，主管部门可以根据竞买人的竞价情况调整增价幅度。

第四十四条 挂牌期限届满，主管部门按照下列规定确定是否成交：

（一）在挂牌期限内只有一个竞买人报价，且报价高于底价的，挂牌成交；

（二）在挂牌期限内有两个或者两个以上的竞买人报价的，出价最高者为竞得人；报价相同的，先提交报价单者为竞得人，但报价低于底价者除外；

（三）在挂牌期限内无人竞买或者竞买人的报价低于底价的，挂牌不成交。

在挂牌期限截止前 30 分钟仍有竞买人要求报价的，主管部门应当以当时挂牌价为起始价进行现场竞价，出价最高且高于底价的竞买人为竞得人。

第四十五条 挂牌成交的，主管部门和竞得人应当当场签订成交确认书。

第四章 附 则

第四十六条 本办法自 2003 年 8 月 1 日施行。

本办法发布前制定的有关文件的内容与本办法的规定不一致的，按照本办法规定执行。

国土资源部关于规范勘查许可证采矿许可证权限有关问题的通知

（2005年9月30日，国土资源部，国土资发［2005］200号）

各省、自治区、直辖市国土资源厅（国土环境资源厅、国土资源和房屋管理局、房屋土地资源管理局、规划和国土资源局）：

按照《国务院关于全面整顿和规范矿产资源开发秩序的通知》（国发［2005］28号）有关国土资源部要严格按照法律法规的规定，对以往的各种授权进行清理并重新进行授权的要求，根据《中华人民共和国矿产资源法》、《矿产资源勘查区块登记管理办法》、《矿产资源开采登记管理办法》规定，为进一步规范探矿权、采矿权登记审批管理，严格按规划和法定的权限出让探矿权、采矿权，现对国务院国土资源主管部门和授权省级人民政府国土资源主管部门审批登记颁发勘查许可证、采矿许可证权限通知如下：

一、勘查登记

（一）石油、烃类天然气、煤成（层）气、放射性矿产勘查，由国土资源部颁发勘查许可证。

（二）煤炭勘查区块面积大于30平方公里（含）的勘查项目，由国土资源部颁发勘查许可证，其余授权省级人民政府国土资源主管部门颁发勘查许可证。

（三）钨、锡、锑、稀土矿产勘查投资大于500万元人民币（含），或勘查区块面积大于15平方公里（含）的勘查项目，由国土资源部颁发勘查许可证，其余授权省级人民政府国土资源主管部门颁发勘查许可证。

（四）油页岩、金、银、铂、锰、铬、钴、铁、铜、铅、锌、铝、镍、钼、磷、钾、锶、铌、钽矿产勘查投资大于500万元人民币（含）的勘查项目，由国土资源部颁发勘查许可证，其余授权省级人民政府国土资源主管部门颁发勘查许可证。

（五）二氧化碳气、地热、硫、金刚石、石棉、矿泉水矿产勘查，授权省级人民政府国土资源主管部门颁发勘查许可证。

（六）海域（含内水）、跨省、自治区、直辖市的矿产勘查，由国土资源部颁发勘查许可证。

（七）外商投资勘查矿产资源，应符合外商投资产业指导目录的有关规定，按照本通知对内资勘查规定的发证权限颁发勘查许可证。

二、采矿登记

（八）石油、烃类天然气、煤成（层）气、放射性矿产由国土资源部颁发采矿许可证。

（九）煤（煤井田储量1亿吨（含）以上，其中焦煤井田储量5 000万吨（含）以上）、油页岩矿床储量规模为大型（含）以上的，由国土资源部颁发采矿许可证，其余授权省级人民政府国土资源主管部门颁发采矿许可证。

（十）钨、锡、锑、稀土矿床储量规模为中型（含）以上的，由国土资源部颁发采矿许可证，其余授权省级人民政府国土资源主管部门颁发采矿许可证。

（十一）金、银、铂、锰、铬、钴、铁、铜、铅、锌、铝、镍、钼、磷、钾、锶、金刚石、铌、钽矿床储量规模为大型（含）以上的，由国土资源部颁发采矿许可证，其余授权省级人民政府国土资源主管部门颁发采矿许可证。

（十二）二氧化碳气、地热、硫、石棉、矿泉水的开采，授权省级人民政府国土资源主管部门颁发采矿许可证。

（十三）海域（含内水）、跨省、自治区、直辖市开采矿产资源的，由国土资源部颁发采矿许可证。

（十四）外商投资开采矿产资源，应符合外商投资产业指导目录的有关规定，按照本通知对内资企业发证的权限颁发采矿许可证。

三、有关要求

（十五）对国家规划矿区和对国民经济具有重要价值矿区，由国土资源部批准其矿业权设置方案后，审批权限按本通知的规定办理。

（十六）在此之前省级人民政府国土资源主管部门已经颁发的勘查许可证、采矿许可证，凡与本通知规定不符的，在办理延续、转让、变更时，由省级人民政府国土资源主管部门提出意见后，将审批登记资料报部办理。

（十七）省级人民政府国土资源主管部门对国土资源部授权其审批登记颁发的勘查许可证、采矿许可证的权限不得再行授权。

（十八）各省（区、市）人民政府国土资源主管部门要严格按照法律法规和本通知的授权范围审批登记颁发勘查许可证、采矿许可证。严禁越权发证；严禁新设探矿权勘查程度低于原有工作程度；严禁将大中型储量规模的矿产地化大为小，分割出让。对违法违规颁发勘查许可证、采矿许可证的行为，要依法追究发证机关及直接责任人的责任。对省级人民政府国土资源主管部门越权颁发勘查许可证或采矿许可证、国土资源部责令限期纠正而又逾期不纠正的，国土资源部将直接予以撤销。对一年内越权发证两次以上的，国土资源部将停止对该矿种的授权。

（十九）部受理探矿权、采矿权申请前，向省级人民政府国土资源主管部门发送探矿权、采矿权受理调查函。省级人民政府国土资源主管部门应在二十个工作日内回复调查意见，凡不按规定的时间和内容回复意见，且无正当理由的，国土资源部将停止对该矿种的授权。

（二十）省级人民政府国土资源主管部门应在每月3日前将上月份本省区范围内的勘查许可证、采矿许可证发证名录及范围报国土资源部。

（二十一）本通知所指矿床储量系指《固体矿产资源/储量分类》（GB/T17766—1999）中编码为333以上的资源量和基础储量总和。

（二十二）本通知自发布之日起实行，以往授权与本通知不一致的，一律以本通知规定为准。

二〇〇五年九月三十日

国土资源部关于进一步规范矿业权出让管理的通知

（2006年1月24日，国土资源部，国土资发［2006］12号）

各省、自治区、直辖市国土资源厅（国土环境资源厅、国土资源局、国土资源和房屋管理局、房屋土地资源管理局），新疆生产建设兵团国土资源局：

2003年部下发《探矿权采矿权招标拍卖挂牌管理办法（试行）》（国土资发［2003］197号）以来，全国矿业权市场建设取得了积极进展。依据矿产资源法律法规，按照《国务院关于全面整顿和规范矿产资源开发秩序的通知》（国发［2005］28号）的要求，为了进一步规范矿业权出让管理，现就完善探矿权采矿权招标拍卖挂牌管理办法的有关事项补充通知如下。

一、矿业权的分类及出让方式

按照颁发勘查许可证、采矿许可证的法定权限，矿业权出让由县级以上人民政府国土资源主管部门负责，依法办理。

（一）属于《矿产勘查开采分类目录》（以下简称《分类目录》，见附件）规定的第一类矿产的勘查，并在矿产勘查工作空白区或虽进行过矿产勘查但未获可供进一步勘查矿产地的区域内，以申请在先即先申请者先依法登记的方式出让探矿权。

（二）属于下列情形的，以招标拍卖挂牌方式出让探矿权。

1.《分类目录》规定的第二类矿产；

2.《分类目录》规定的第一类矿产，已进行过矿产勘查工作并获可供进一步勘查的矿产地或以往采矿活动显示存在可供进一步勘查的矿产地。

（三）属于下列情形的，不再设探矿权，而以招标拍卖挂牌方式直接出让采矿权。

1.《分类目录》规定的第三类矿产；

2.《分类目录》规定的第一类、第二类矿产，探矿权灭失、但矿产勘查工作程度已经达到详查（含）以上程度并符命开采设计要求的矿产地；

3.《分类目录》规定的第一类、第二类矿产，采矿权灭失或以往有过采矿活动，经核实存在可供开采矿产储量或有经济价值矿产资源的矿产地。

（四）石油、天然气、煤成（层）气、铀、钍矿产资源的勘查开采，按照现行规定进行管理并逐步完善。

（五）以招标拍卖挂牌方式出让探矿权采矿权有下列情形之一的，经批准允许以协议方式出让。

1. 国务院批准的重点矿产资源开发项目和为国务院批准的重点建设项目提供配套资源的矿产地；

2. 已设采矿权需要整合或利用原有生产系统扩大勘查开采范围的毗邻区域；

3. 经省（区、市）人民政府同意，并正式行文报国土资源部批准的大型矿产资源开发项目；

4. 国家出资为危机矿山寻找接替资源的找矿项目。

协议出让探矿权采矿权，必须通过集体会审，从严掌握。协议出让的探矿权采矿权价款不得低于类似条件下的市场价。

（六）有下列情形之一的，应以招标的方式出让探矿权采矿权。

1. 根据法律法规、国家政策规定可以新设探矿权采矿权的环境敏感地区和未达到国家规定的环境质量标准的地区；

2. 共伴生组分多、综合开发利用技术水平要求高的矿产地；

3. 矿产资源规划规定的其他情形。

二、其他规定

（一）探矿权人申请其勘查区块范围内的采矿权，符合规定的，应依法予以批准，切实保护探矿权人的合法权益。

（二）国土资源主管部门在受理矿业权申请时，如果对同一区域同时出现探矿权申请和采矿权申请，经审查符合采矿权设置条件的，应依照本通知的规定设置采矿权。

（三）各省（区、市）国土资源主管部门要对本行政区内已开展过矿产勘查或采矿活动、不再符合本通知中规定的以申请在先方式出让探矿权的矿产地进行清理、公告，报国土资源部备案。

（四）各省（区、市）国土资源主管部门可结合本地区情况，根据当地矿产勘查的深度、地质构造条件等因素，对矿业权出让方式作适当调整，制定具体管理办法，并报部备案。其他特殊情况需要另作专门规定的，报国土资源部批准后执行。

（五）原《探矿权采矿权招标拍卖挂牌管理办法（试行）》中第七条、第八条、第九条规定的内容，以本通知的规定为准。各省（区、市）国土资源主管部门要按照本通知规定的要求，对以往各种相关规定进行全面清理。

[附件] 矿产勘查开采分类目录

一、可按申请在先方式出让探矿权类矿产（第一类）

地热（火成岩、变质岩区构造裂隙型）；锰、铬、钒、铜、铅、锌、铝土矿、镍、钴、钨、锡、铋、钼、汞、锑、镁；铂、钯、钌、锇、铱、铑；金、银；铌、钽、铍、锂、锆、锶、铷、铯；镧、铈、镨，钕、钐、铕、钇、钆、铽、镝、钬、铒、铥、镱、镥；钪、锗、镓、铟、铊、铪、铼、镉、硒、碲；金刚石、自然硫、硫铁矿、钾盐、蓝晶石、石棉，蓝石棉、石榴子石、蛭石、沸石、重晶石、方解石、冰洲石、萤石、宝石、玉石、地下水（火成岩、变质岩区构造裂隙型）；二氧化碳气、硫化氢气、氦气、氡气。

二、可按招标拍卖挂牌方式出让探矿权类矿产（第二类）

煤炭、石煤、油页岩、油砂、天然沥青、地热（沉积地层型）；铁；石墨、磷、硼、水晶、刚玉、硅线石、红柱石、硅灰石、钠硝石、滑石、云母、长石、叶蜡石、透辉石、透闪石、明矾石、芒硝（含钙芒硝）、石膏（含硬石膏）、毒重石、天然碱、菱镁矿、黄玉、电气石、玛瑙、颜料矿物、石灰岩（其他）、泥灰岩、白垩、含钾岩石、白云岩、石英岩、砂岩（其他）、天然石英砂（其他）、脉石英、粉石英、天然油石、合钾砂页岩、硅藻土、页岩（其他）、高岭土、陶瓷土、耐火粘土、凹凸棒石粘土、海泡石粘土、伊利石粘土、累托石粘土、膨润土、铁矾土、其他粘土、橄榄岩、蛇纹岩、玄武岩、辉绿岩、安山岩、闪长岩、花岗岩、麦饭石、珍珠岩、黑曜岩、松脂岩、浮石、粗面岩、霞石正长岩、凝灰岩、火山灰、火山渣、大理岩、板岩、片麻岩、角闪岩、泥炭、矿盐（湖盐、岩盐、天然卤水）。镁盐、碘、溴、砷；地下水（沉积地层型）、矿泉水。

三、可按招标拍卖挂牌方式出让采矿权类矿产（第三类）

石灰岩（建筑石料用）、砂岩（砖瓦用）、天然石英砂（建筑、砖瓦用）、粘土（砖瓦用）、页岩（砖瓦用）。

关于进一步加强煤炭资源勘查开采管理的通知

（2006年1月24日，国土资源部，国土资发［2006］13号）

各省、自治区、直辖市国土资源厅（国土环境资源厅、国土资源局、国土资源和房屋管理局、房屋土地资源管理局），新疆生产建设兵团国土资源局：

按照《国务院关于促进煤炭工业健康发展的若干意见》（国发［2005］18号）和《国务院关于全面整顿和规范矿产资源开发秩序的通知》（国发［2005］28号）的要求，依据矿产资源法律法规，为进一步加强煤炭资源勘查开采管理，现就有关事项通知如下。

一、实行煤炭国家规划矿区管理制度，加强煤炭资源探矿权采矿权管理

（一）进一步增强国家对煤炭资源开发的宏观调控能力。按照国家煤炭工业发展的需要，依据矿产资源规划，结合资源条件，划定并公布煤炭国家规划矿区，实行严格的管理制度。

（二）做好煤炭国家规划矿区探矿权采矿权设置方案（以下简称矿业权设置方案）的编制工作。凡煤炭国家规划矿区内地质勘查工作达到普查程度以上的，由省级国土资源主管部门按部的统一要求组织编制矿业权设置方案并报部批准。凡地质勘查工作程度难以满足矿业权设置方案编制要求的，由国家负责开展普查和必要的详查后编制。各有关产煤省（区、市）国土资源主管部门要尽快摸清情况，于2006年3月底前向部报告本地区对煤炭普查的工作需求，于2006年3月底和7月底前分别向部报送第一批和第二批煤炭国家规划矿区的矿业权设置方案送审稿。

（三）切实加强煤炭国家规划矿区的探矿权采矿权管理。按照法律法规规定和部的授权，煤炭资源探矿权采矿权一律实行部、省两级审批，审批权限按《关于规范勘查许可证采矿许可证权限有关问题的通知》（国土资发［2005］200号）执行。凡矿业权设置方案未经批准的，一律不得设置新的探矿权采矿权。

煤炭国家规划矿区以外的煤炭矿产地，也要按照上述要求编制矿业权设置方案后设置矿业权。具体工作由省级国土资源主管部门负责，编制结果报部备案。

二、切实做好小煤矿的资源整合工作

（四）各省级国土资源主管部门要按照《国务院关于全面整顿和规范矿产资源开发秩序的通知》要求，组织专门力量对本地区煤矿布局和资源储量及开采情况进行一次全面摸底，按照保护资源环境、保障矿山安全和大矿大开、小矿小开、依法处置，合理补偿、以优并劣的原则，区分不同情况，依据矿产资源规划和矿业权设置方案，向省级人民政府提出资源整合方案建议。在省级人民政府统一领导下，综合运用法律、经济和必要的行政手段，依法开展资源整合工作。对实施资源整合的煤矿要及时并严格审查其重新编制的开发利用方案，办理采矿许可证变更登记手续。对矿山布局不合理存在安全隐患的小煤矿，要一律先停产再整合。对开采边角、残留及零星资源的小煤矿，要在严格限制的前提下，按照开采规模与储量规模相适应的原则，加强采矿许可证的管理，确定合理的服务年限。各地要于2007年底前全面完成资源整合工作。资源整合方案要报部备案，并每半年向部报告本地区资源整合进展情况。

（五）配合安全生产监督管理部门，坚决做好不具备安全生产条件和非法煤矿的整顿关闭工作。对安全生产监督管理部门决定实施停产整顿的矿山企业，当地国土资源主管部门要及时收回采矿许可证；对整改仍不合格，安全生产监督管理部门决定实施关闭的矿山，当地国土资源主管部门应提请原采矿许可证发证机关按法定程序注销或吊销采矿许可证。

（六）省级国土资源主管部门要根据新的形势要求，结合本地区实际，重新制定煤矿生产建设规模的最低准入标准，报部批准后实施。

在小煤矿整合方案和煤矿生产建设规模的最低准入标准报国土资源部备案、批准之前，各省（区、市）一律不得颁发小型及其以下煤矿采矿许可证，并严格控制探矿权设置。

三、加强矿业权市场建设

（七）煤炭国家规划矿区内探矿权采矿权的出让要严格按照批准的矿业权设置方案，根据市场需求预测，有计划地主要采用招标、拍卖、挂牌等竞争方式确定勘查、开采主体。国务院批准的重点煤炭资源开发项目和为国务院批准的重点建设项目提供配套煤炭资源的矿产地；已设采矿权需要整合或利用原有生产系统扩大勘查开采范围的毗邻区域；经省（区、市）人民政府同意，并正式行文报国土资源部批准的大型煤炭资源开发项目；国家出资为危机矿山寻找接替资源的找矿项目，经批准，允许以协议方式出让矿业权。协议出让的探矿权采矿权价款不得低于类似条件下的市场价。对为解决大型矿山企业接续资源而批准的接续矿区，矿山企业不得改变其接续用途。

（八）严格煤炭矿业权市场准入。国土资源主管部门在颁发勘查许可证时，必须按照投资与作业管理分开的原则，严格勘查资质管理，并对勘查设计或实施方案以及法律法规规定的其他条件进行严格审查，凡不符合要求的，一律依法不予批准；在颁发采矿许可证时，必须对开发利用方案进行严格审查，凡不符合国家规划、产业政策和技术规范以及设计回采率低、煤炭资源不能合理利用、不符合安全生产条件、不提交环境影响评价报告和地质灾害危险性评估报告批复文件的，一律依法不予批准。编制开发利用方案的设计单位，要严格遵守国家制定的技术规范，凡开发利用方案的编制不符合规范的，不予批准；凡两次违反规范的，不再审查和批准其编制的开发利用方案。探矿权人、采矿权人要严格按照经批准的勘查设计、开发利用方案组织生产，在勘查、开采中确需对勘查设计、开发利用方案进行变更的，须按程序重新报登记管理机关批准。

（九）规范矿业权出让管理。要严格按照《矿产资源勘查区块登记管理办法》、《矿产资源开采登记管理办法》以及《关于规范勘查许可证采矿许可证权限有关问题的通知》（国土资发［2005］200号）、《关于进一步规范矿业权出让管理的通知》（国土资发［2006］12号）的规定出让矿业权。对有令不行、有禁不止，越权违规出让矿业权的行为，要及时予以纠正，并追究主要负责人及直接责任人的责任。

（十）严格矿业权转让审批，探矿权人自领取勘查许可证未满2年的，或没有按照批准的勘查设计组织施工和投入资金的，不予批准转让。煤炭资源矿业权转让要严格按照法定要求和批准的矿业权设置方案进行，严禁分割转让，严禁非法转让。各地要根据本地区情况，制定具体办法，保护矿业权人合法权益，强化探矿权采矿权监管，严厉打击各类非法转让行为。

四、加强对煤炭资源勘查开采的监督管理

（十一）强化对探矿权人、采矿权人勘查开采行为的监督管理。各级国土资源主管部门要切实加强对探矿权人、采矿权人履行义务情况的监督检查。对未完成最低勘查投入、不履行资料汇交义务、以采代探、超层越界开采、不按照勘查设计和开发利用方案组织生产的，要依法责令其限期改正并进行处罚，情节严重或整改后仍然达不到要求的，要依法注销、吊销勘查许可证或采矿许可证，逐步建立完善勘查开采退出机制。

（十二）加强力量，完善手段，做好日常监管工作。要全面落实市、县国土资源主管部门监管职能，根据辖区煤炭资源分布情况划定动态巡查责任范围，充实监管力量，建立健全矿产资源开发动态巡查责任制，完善对动态巡查的考核。要加强年度检查，完善年度报告制度，研究建立矿山企业建档建卡制度。要积极推进矿山储量动态监管工作，探索储量动态监管有效办法。要充分发挥执法监察机构和矿产督察员的作用，切实加强对重要煤炭勘查项目和重点煤炭矿区的监管。省级国土资源主管部门要加强对矿产督察员的管理和指导，保障督察员工作经费，完善管理制度。

（十三）采取切实有效措施，提高煤炭资源回采率水平。各级国土资源主管部门要对煤炭资源回采率专项检查工作进行认真总结，区分不同情况，采取相应措施，有针对性地解决煤炭资源回采率偏低的问题。要分地区对不同赋存条件矿区的采煤技术、方法、工艺进行论证，提出淘汰落后的采煤技术、方法和工艺的目录。要抓紧建立提高煤炭资源回采率专家会诊制度。

煤炭是我国的主体能源，在经济社会发展中具有重要的战略地位。各级国土资源主管部门要以科学发展观为统领，切实加强对煤炭资源勘查、开采的管理，为国家经济社会发展提供可靠的资源保障。

关于深化探矿权采矿权有偿取得制度改革有关问题的通知

（2006年10月25日，财政部、国土资源部，财建［2006］694号）

国务院有关部委、有关直属机构，各省、自治区、直辖市、计划单列市财政厅（局）、国土资源厅（局），有关中央管理企业：

为了进一步推进矿产资源有偿使用制度改革，逐步理顺矿产资源价格形成机制，促进资源节约，根据《国务院关于全面整顿和规范矿产资源开发秩序的通知》（国发［2005］28号）和《国务院关于同意深化煤炭资源有偿使用制度改革试点实施方案的批复》（国函［2006］102号）的有关要求以及其他有关法律法规的规定，现就深化探矿权、采矿权有偿取得制度改革的有关问题通知如下：

一、探矿权、采矿权全面实行有偿取得制度。国家出让新设探矿权、采矿权，除按规定允许以申请在先方式或以协议方式出让的以外，一律以招标、拍卖、挂牌等市场竞争方式出让。

二、探矿权、采矿权人应按照国家有关规定及时足额向国家缴纳探矿权、采矿权价款，除本通知另有规定外，探矿权、采矿权价款一律不再转增国家资本金或以折股形式缴纳。

三、对本通知发布之前探矿权、采矿权人无偿占有属于国家出资（包括中央财政出资、地方财政出资或中央财政和地方财政共同出资，下同）探明矿产地的探矿权和无偿取得的采矿权，由国土资源管理部门会同财政部门进行清理，并对清理后的探矿权、采矿权进行评估，其中：采矿权按照剩余资源储量进行评估。探矿权、采矿权人按照探矿权、采矿权审批登记管理机关确认、核准或备案的价款评估结果，首先应当以资金方式向国家缴纳探矿权、采矿权价款；对以资金方式向国家缴纳探矿权、采矿权价款确有困难的，可遵循探矿权、采矿权人自愿原则，按照本通知有关规定报经批准后，以折股方式缴纳。

四、对以资金方式一次性缴纳探矿权、采矿权价款确有困难的，经探矿权、采矿权审批登记管理机关批准，可在探矿权、采矿权有效期内分期缴纳。其中探矿权价款最多可分 2 年缴纳，第一年缴纳比例不应低于 60%；采矿权价款最多可分 10 年缴纳，第一年缴纳比例不应低于 20%。分期缴纳价款的探矿权、采矿权人应承担不低于同期银行贷款利率水平的资金占用费。

五、本通知发布之前探矿权、采矿权人无偿占有属于中央财政出资或中央财政和地方财政共同出资探明矿产地的探矿权和无偿取得的采矿权，对以资金方式缴纳探矿权、采矿权价款确有困难且符合下列条件之一的，按照探矿权、采矿权人自愿的原则，在报经财政部会同国土资源部批准后，可以将应缴纳的探矿权、采矿权价款部分或全部以折股方式向国家缴纳：

（一）《矿产资源勘查区块登记管理办法》（国务院令第 240 号）和《矿产资源开采登记管理办法》（国务院令第 241 号）出台前无偿取得的、现仍在有效期内的探矿权、采矿权；

（二）经国务院或省级人民政府批准改组改制、并以探矿权、采矿权评估价值作为资产进入改制企业；

（三）国务院文件有明确规定或报经国务院批准的。

探矿权、采矿权价款采用部分以折股方式向国家缴纳的，其余未折股部分价款应当以资金方式及时足额向国家缴纳。

六、探矿权、采矿权价款经批准以折股方式缴纳的，其股份按拟折股的价款额占企业净资产的比例进行计算。折股所形成的股权按照以下原则管理：

（一）由中央财政出资勘查形成的探矿权、采矿权，其价款以折股方式缴纳所形成的股权划归中央地质勘查基金持有；

（二）由中央财政和地方财政共同出资勘查形成的探矿权、采矿权，其价款以折股方式缴纳所形成的股权，由中央地质勘查基金和地方有关机构按照中央财政和地方财政各自的出资比例分别持有。

以折股方式缴纳的探矿权、采矿权价款及所形成股权划归中央地质勘查基金管理的具体办法，由财政部会同国土资源部另行制定。

七、经财政部和国土资源部或省级财政部门和国土资源管理部门批准，已将探矿权、采矿权价款部分或全部转增国家资本金的，探矿权、采矿权人首先应当向国家以资金方式补缴探矿权、采矿权价款；以资金方式补缴探矿权、采矿权价款确有困难的，探矿权、采矿权人也可以自愿选择将已转增的国家资本金以折股方式缴纳。缴款事宜按照本通知上述有关规定办理。

八、本通知发布之前探矿权、采矿权人已无偿取得的属于地方财政出资勘查形成矿产地的探矿权、采矿权，其价款以折股方式缴纳可参照本通知第四条至第六条的规定执行。

九、国有地勘单位在转让本通知发布之前已经由其登记持有的由国家出资勘查形成矿产地的探矿权、采矿权，可继续执行将价款转增国家资本金的政策。国家另有规定的，从其规定。

十、对不能进入市场的国家专营矿种，如铀矿等，其探矿权、采矿权可暂不进行资本化处置。

十一、对未按上述规定足额缴纳探矿权、采矿权价款的探矿权、采矿权人，各级国土资源管理部门应当按照国务院令第240号和国务院令第241号文件的有关规定进行相应处罚，对勘查、采矿许可证到期的，不得办理延续手续。

十二、本通知自发布之日起实行，此前与本通知不符的有关规定，一律以本通知为准。《财政部国土资源部关于印发〈探矿权采矿权价款转增国家资本管理办法〉的通知》（财建［2004］262号）同时废止。

关于探矿权采矿权有偿取得制度改革有关问题的补充通知

（2008年2月28日，财政部、国土资源部，财建［2008］22号）

各省、自治区、直辖市、计划单列市财政厅（局）、国土资源厅（局）：

经国务院批准，山西等8个煤炭主产省开展了深化煤炭资源有偿使用制度改革试点工作。财政部、国土资源部制定了《关于深化探矿权采矿权有偿取得制度改革有关问题的通知》（财建［2006］694号）、《以折股形式缴纳探矿权采矿权价款管理办法（试行）》（财建［2006］695号）等一系列配套政策。上述政策执行过程中，特别是在深化煤炭资源有偿使用制度改革试点过程中，有地方和部门反映，有些政策措施需要进一步明确或细化。为进一步规范和深化矿业权有偿取得制度改革，现就有关问题补充通知如下：

一、关于国家出资勘查并探明矿产地的界定

国家出资勘查并探明矿产地的界定，按照《关于清理国家出资勘查已探明矿产地的通知》（国土资厅发［2000］32号）中对出资范围、勘查程度和矿床规模的规定执行。

二、关于剩余资源储量核实问题

对无偿取得且尚未进行有偿处置的采矿权，剩余资源储量估算的基准日，各省已有规定的从其规定；没有规定的以2006年9月30日为准，按照现行规定进行核实、评审和备案。对由国土资源部登记发证的矿业权，与矿业权有偿处置有关的矿产资源储量评审、备案工作，国土资源部委托省级国土资源管理部门办理。对没有储量核实报告的采矿权，采矿权人可委托具备地质勘查资质的单位补充勘查，达到勘探程度并提交资源储量报告，经评审、备案后，作为采矿权价款评估的依据。对采矿权有偿处置时的资源储量核实，要注意对共伴生资源储量做出评价和估算。

三、关于矿业权价款评估问题

国土资源管理部门会同财政部门要加强对无偿占有（取得）的矿业权有偿处置过程中价款评估的管理。矿业权价款应委托矿业权评估机构评估，评估结果由国土资源管理部门按照有关规定进行备案。评估机构由国土资源管理部门商财政部门统一委托，采取公开、竞争的方式确定。

已转增为国家资本金的矿业权价款，原则上按已转增国家资本金的数额进行处置，不再另行对价款进行评估。矿业权价款已经评估备案但尚未进行有偿处置的，在评估备案的有效期限内，可以按已备案的评估结果缴纳矿业权价款。对由国土资源部登记发证的矿业权，与矿业权有偿处置有关的价款评估、备案工作，国土资源部委托省级国土资源管理部门办理。

四、关于以资金形式分期缴纳矿业权价款问题

国土资源管理部门要加强对分期缴纳矿业权价款的管理，由国土资源部登记发证的矿业权，其探矿权价款在500万元以下、采矿权价款在3 000万元以下的，价款原则上一次性缴清；由地方登记发证的矿业权，其探矿权、采矿权价款一次性缴清的标准，由各省根据本省实际情况制定。

分期缴纳价款的矿业权人，应在价款评估备案后两个月内，向国土资源管理部门提交申请和分期缴款方案。国土资源管理部门对分期缴纳价款的期限、金额等进行审核后，发出“缴款通知书”。

分期缴纳价款的矿业权人应按中国人民银行发布的同档次银

行贷款基准利率水平承担资金占用费。资金占用费计算基数为本期应缴纳价款的本金，计费期限为延期缴纳的天数，费率按缴款当日同档次银行贷款基准利率确定。对于分期缴纳价款期限内矿业权人提前缴款的，计费期限按实际延期缴纳的天数计算。矿业权人缴纳的资金占用费，参照矿业权价款进行管理，实行中央与地方 2∶8 分成。

国土资源管理部门依据矿业权人的申请、核准的分期缴款方案及本年度缴纳矿业权价款的凭证，办理矿业权的审批登记工作。凡未按核准的分期缴款方案足额缴纳矿业权价款的，一律不得办理登记发证和年检手续。实行分期缴款的探矿权人申请采矿权的，必须在申请划定矿区范围前缴清全部的探矿权价款；实行分期缴款的矿业权人申请转让矿业权的，应当缴清剩余的矿业权价款后才可办理转让手续。

五、关于以折股形式缴纳矿业权价款问题

财政、国土资源管理部门要严格按照权限办理以折股形式缴纳矿业权价款审批事宜。其中：中央财政出资勘查形成的矿业权，按程序报财政部、国土资源部审批；中央财政与地方财政共同出资勘查形成的矿业权，由省级财政、国土资源管理部门在核实中央、地方出资比例的基础上，报财政部、国土资源部审核确认后按程序分别审批；地方财政出资勘查形成的矿业权，按程序报省级财政、国土资源管理部门审批。

财政、国土资源管理部门要加强对以折股形式缴纳价款的矿业权出资情况的核实，具体核实工作可委托具备资质的社会中介机构承担。

六、关于由探矿权转为采矿权后缴纳价款问题

取得国家出资勘查矿产地的探矿权已转为采矿权，既未缴纳探矿权价款，也未缴纳采矿权价款的，采矿权人应缴纳采矿权价款。对本应设置采矿权却设置了探矿权的，应缴纳采矿权价款，已缴纳过探矿权价款的，可从应缴纳的采矿权价款中扣除。

七、关于已转增国家资本金的矿业权价款的处置问题

财政、国土资源管理部门要加强对已转增国家资本金的矿业权价款的清理，严格按照规定进行有偿处置。已转增国家资本金的矿业权价款的清理处置工作，由原批准转增国家资本金的财政、国土资源管理部门负责。

已将价款转增国家资本金的矿业权，经批准转让给新企业的，由原批准转增国家资本金的财政、国土资源管理部门向价款转增国家资本金的股份持有者追缴价款。

八、关于矿业权价款分成问题

矿业权价款收入中央与地方分成的时间界限，是指 2006 年 9 月 1 日以后出让（或有偿处置）的矿业权价款收入，一律实行中央与地方 2:8 分成。

省级财政部门要制定完善省以下矿业权价款收入分成管理办法，地方分成的矿业权价款收入，原则上向资源产地倾斜。

九、关于“资源一次划定、分期分段出让”采矿权问题

对于资源储量大、服务年限长、一次性缴纳采矿权价款确有困难的矿山企业，国土资源管理部门可按照生产规模与资源量相匹配的原则，采取“资源一次划定、分期分段出让”的方式向矿山企业出让采矿权，并按规定收取采矿权价款。具体实施办法由国土资源部另行制定。各省可根据本省实际情况，研究制定具体的实施细则。

十、关于矿业权有偿处置相关费用的列支问题

各级国土资源管理部门在矿业权有偿处置过程中发生的资源储量核实、矿业权价款评估及其他相关费用，由同级财政部门核定，纳入财政预算管理，不得从矿业权价款收入中坐支。

以折股方式缴纳探矿权采矿权价款管理办法（试行）

（财政部、国土资源部，财建［2006］695号）

第一章　总　则

第一条　为维护资源性资产国家所有权益，加强和规范以折股方式缴纳探矿权、采矿权价款的管理，根据《国务院关于同意深化煤炭资源有偿使用制度改革试点实施方案的批复》（国函［2006］102号）和《财政部国土资源部关于深化探矿权采矿权有偿取得制度改革有关问题的通知》（财建［2006］694号）的有关规定，制定本办法。

第二条　本办法所称以折股方式缴纳探矿权、采矿权价款，是指探矿权、采矿权人以资金方式向国家缴纳探矿权、采矿权价款确有困难的，本着自愿原则，报经批准后部分或全部以股份方式缴纳。折股股份按应缴价款占探矿权、采矿权人净资产的比例计算。

第三条　本办法适用于划归中央地质勘查基金（以下简称中央地勘基金）持有的以折股方式缴纳探矿权、采矿权价款所形成股权的管理。

第二章　申请和审批

第四条　符合以折股方式缴纳探矿权、采矿权价款条件的，探矿权、采矿权人可以按照探矿权、采矿权审批登记管理权限提出申请。其中属于中央审批登记的，探矿权、采矿权人可通过主管部门或直接向财政部和国土资源部申请；属于地方审批登记的，探矿权、采矿权人可通过所在地省级财政部门和国土资源管理部门向财政部和国土资源部提出申请。

已经财政部和国土资源部批准探矿权、采矿权价款转增为国家资本金的，如选择以折股方式缴纳，可按原批准渠道提出申请。

第五条 以折股方式缴纳探矿权、采矿权价款的申请材料一式两份，主送财政部，抄送国土资源部。申请材料包括：

（一）申请以折股方式缴纳探矿权、采矿权价款的正式文件。

（二）探矿权、采矿权人所持有的有效期内的勘查许可证、采矿许可证复印件。

（三）探矿权、采矿权评估结果确认、核准或备案文件以及评估报告。

（四）符合规定条件的证明材料。

（五）探矿权、采矿权人的出资人同意探矿权、采矿权价款以折股形式缴纳并划归中央地勘基金持有的证明材料，其中国有独资企业的证明材料由履行出资人职责的国有资产监督管理机构出具；有限责任公司和股份有限公司的证明材料由董事会、股东会或股东大会出具。

（六）探矿权、采矿权价款以折股形式缴纳后探矿权、采矿权人股权结构及比例变化方案。

（七）经有资格的会计师事务所审计的上年度财务会计报表。

（八）探矿权、采矿权人的营业执照、产权登记证及公司章程等复印件。

（九）财政部、国土资源部要求的其他有关材料。

第六条 对符合以折股方式缴纳探矿权、采矿权价款条件且材料齐备的，由财政部会同国土资源部依据各自职责予以审核并联合批复。

第三章 股权的确权及管理

第七条 探矿权、采矿权人自接到财政部会同国土资源部联合批复同意以折股方式缴纳探矿权、采矿权价款的文件后，应当按照《公司法》等有关法律法规的规定主动与中央地勘基金管理机构联系，及时办理公司章程修改、产权变更登记及账务处理等相关事项。

第八条 中央地勘基金管理机构应当按照国家有关规定向以折股方式缴纳探矿权、采矿权价款的企业选派人员进入董事会或股东会，并依法履行职责。对由董事会、股东会决策的重大事项，在意见表决前中央地勘基金管理机构须向财政部、国土资源部请示后决策。

第九条 中央地勘基金管理机构根据财政部和国土资源部的指令，负责办理所持有的股权转让及收益分配等具体工作。

第十条 中央地勘基金所持有的股权收益（包括分红、变现收入等），全部用于补充中央地勘基金。

第四章 附 则

第十一条 本办法由财政部会同国土资源部负责解释。

第十二条 本办法自发布之日起实施。

国土资源部办公厅关于矿产资源整合中采矿登记程序有关问题的通知

（2006年7月28日，国土资源办公厅，
国土资厅发［2006］100号）

各省、自治区、直辖市国土资源厅（国土环境资源厅、国土资源局、国土资源和房屋管理局、房屋土地资源管理局）：

随着整顿和规范矿产资源开发秩序工作不断深入，矿产资源整合工作已在全国逐步展开。为规范整合过程中的采矿登记程序，依据矿产资源管理法规、规定，现就有关问题通知如下：

一、采矿登记依据整合后的资源储量规模，按照《关于规范勘查许可证采矿许可证权限有关问题的通知》（国土资发［2005］200号）规定的权限办理。

二、根据国务院九部委《关于全面启动整顿和规范矿产资源开发秩序工作的通知》（国土资发［2005］198号）要求，各地资源整合工作应依据整合规划方案有计划、有步骤地实施。整合中的采矿登记手续应在省政府批复整合方案后办理，在部登记的，应先报部备案。

三、登记管理机关依据批复的矿产资源整合方案，划定矿区范围。成立新的采矿主体的，应在划定矿区范围前到工商登记管理部门进行企业名称预登记。

四、矿山企业凭登记管理机关划定矿区范围的批复，依法进行储量核实，采矿权价款评估、处置，矿产资源开发利用方案、环境影响报告书的编制和送审等相关工作。

五、登记管理机关对审查通过的矿产资源开发利用方案下发

批复文件。被整合的矿山自开发利用方案批复之日起应立即停止生产，根据新批准的矿产资源开发利用方案进行整合的实施工程。

六、采矿登记管理机关应对原采矿权人注销采矿登记后，对新采矿权人按第四条规定的要求重新颁发采矿许可证。采矿登记权限发生变化的，原采矿登记机关应向现发证机关出具注销原采矿许可证的证明文件。

自本通知下发之日起，各地要严格执行，并可制定具体实施办法。在实施中遇到重要问题，请及时报部。

矿产资源登记统计管理办法

（国土资源部令第23号公布）

第一章　总　则

第一条　为加强矿产资源登记统计管理，维护国家对矿产资源的所有权，根据《中华人民共和国矿产资源法》、《中华人民共和国统计法》及有关行政法规，制定本办法。

第二条　在中华人民共和国领域及管辖的其他海域从事矿产资源勘查、开采或者工程建设压覆重要矿产资源的，应当依照本办法的规定进行矿产资源登记统计。

第三条　本办法所称矿产资源登记统计，包括矿产资源储量登记和矿产资源统计。本办法所称矿产资源储量登记，是指县级以上国土资源行政主管部门对查明、占用、残留、压覆矿产资源储量的类型、数量、质量特征、产地以及其他相关情况进行登记的活动。本办法所称矿产资源统计，是指县级以上国土资源行政主管部门对矿产资源储量变化及开发利用情况进行统计的活动。

第四条　国土资源部负责全国矿产资源登记统计的管理工作。县级以上地方国土资源行政主管部门负责本行政区域内矿产资源登记统计的管理工作，但石油、天然气、煤层气、放射性矿产除外。

第二章　矿产资源储量登记

第五条　有下列情形之一的，探矿权人、采矿权人或者建设单位应当依照本办法的规定办理矿产资源储量登记：

（一）探矿权人在不同勘查阶段查明矿产资源储量的；

（二）采矿权申请人申请占用矿产资源储量的；

（三）采矿权人因变更矿区范围等调整占用矿产资源储量的；

（四）停办或者关闭矿山后有残留或者剩余矿产资源储量的；

（五）工程建设压覆重要矿产资源储量的；

（六）省级以上国土资源行政主管部门规定的其他矿产资源储量。

采矿权人占用的矿产资源储量发生重大变化后新计算的矿产资源储量，由县级以上国土资源行政主管部门决定是否登记。

第六条　登记矿产资源储量时，应当向县级以上国土资源行政主管部门提交下列资料：

（一）矿产资源储量登记书；

（二）矿产资源储量评审（审查）意见书；

（三）矿产资源储量（评估）报告及主要附图、附表、附件。

除提交前款规定的资料外，探矿权人、采矿权人还应当同时提交勘查许可证或者采矿许可证复印件；压覆重要矿产资源的建设单位还应当同时提交国土资源部或者省级国土资源行政主管部门同意压覆重要矿产资源的批准文件。

第七条　矿产资源储量登记，按照下列规定办理：

（一）探矿权人查明的矿产资源储量，在矿产资源储量评审通过后15日内，由原发证的国土资源行政主管部门登记；

（二）采矿权申请人申请占用的矿产资源储量，由发证的国土资源行政主管部门在办理采矿许可证时同时办理；

（三）采矿权人因变更矿区范围等调整占用的矿产资源储量，由原发证的国土资源行政主管部门在办理采矿许可证变更登记手续时同时办理；

（四）采矿权人停办或者关闭矿山残留或者剩余的矿产资源储量，由原发证的国土资源行政主管部门在办理采矿许可证注销手续时同时办理；

（五）工程建设项目压覆的重要矿产资源储量，由批准建设用地的国土资源行政主管部门在办理建设用地审批手续时同时办理。

第八条 经登记的矿产资源储量，是矿产资源规划、管理、保护与合理利用的依据，未经法定程序，任何单位和个人不得擅自更改。

第九条 上级国土资源行政主管部门应当自完成矿产资源储量登记手续之日起10日内，将矿产资源储量登记情况通知矿区所在地的下级国土资源行政主管部门。

第三章 矿产资源统计

第十条 矿产资源统计调查计划，由国土资源部负责制订，报国务院统计行政主管部门批准后实施。

全国矿产资源统计信息，由国土资源部定期向社会发布。

第十一条 矿产资源统计，应当使用由国土资源部统一制定并经国务院统计行政主管部门批准的矿产资源统计基础表及其填报说明。

矿产资源统计基础表，包括采矿权人和矿山（油气田）基本情况、生产能力和实际产量、采选技术指标、矿产组分和质量指标、占用矿产资源储量变化情况、共伴生矿产综合利用情况等内容。

未列入矿产资源统计基础表的查明矿产资源储量、压覆矿产资源储量、残留矿产资源储量及其变化情况和占用矿产资源储量的相关情况，依据矿产资源储量登记书进行统计。

第十二条 开采矿产资源，以年度为统计周期，以采矿许可证划定的矿区范围为基本统计单元。但油气矿产以油田、气田为基本统计单元。

第十三条 采矿权人应当于每年1月底前，完成矿产资源统计基础表的填报工作，并将矿产资源统计基础表一式三份，报送矿区所在地的县级国土资源行政主管部门。统计单元跨行政区域的，报共同的上级国土资源行政主管部门指定的县级国土资源行政主管部门。

开采石油、天然气、煤层气和放射性矿产的，采矿权人应当于每年3月底前完成矿产资源统计基础表的填报工作，并将矿产资源统计基础表一式二份报送国土资源部。

第十四条 上级国土资源行政主管部门负责对下一级国土资源行政主管部门上报的统计资料和采矿权人直接报送的矿产资源统计基础表进行审查、现场抽查和汇总分析。

省级国土资源行政主管部门应当于每年3月底前将审查确定的统计资料上报国土资源部。

第十五条 县级国土资源行政主管部门履行下列统计职责：

（一）经上级国土资源行政主管部门登记后通知的和本级登记的矿产资源储量的录入、汇总；

（二）本行政区域内采矿权人的矿产资源统计基础表的组织填报、数据审查、录入、现场抽查；

（三）经登记的矿产资源储量和本行政区域内采矿权人占用

的矿产资源储量变化情况的统计；

（四）本行政区域内采矿权人的开发利用情况的统计；

（五）向上一级国土资源行政主管部门报送本条第（三）项、第（四）项统计资料。

第十六条 填报矿产资源统计基础表，应当如实、准确、全面、及时，并符合统计核查、检测和计算等方面的规定，不得虚报、瞒报、迟报、拒报。

第四章 登记统计资料管理

第十七条 国土资源行政主管部门应当建立矿产资源登记统计资料档案管理制度，加强对本行政区域内矿产资源登记统计资料、统计台账及数据库的管理。

上报矿产资源登记统计资料应当附具统一要求的电子文本。

全国矿产资源登记统计数据库由国土资源部统一制定。

探矿权人、采矿权人和建设单位应当建立矿产资源登记统计资料档案管理制度，妥善保管本单位的矿产资源登记统计资料、统计台账及其他相关资料，并接受县级以上国土资源行政主管部门的监督检查。

第十八条 国土资源行政主管部门审查和现场抽查矿产资源登记统计资料时，探矿权人、采矿权人和建设单位应当予以配合，并如实提供相关数据资料。

第十九条 探矿权人、采矿权人或者建设单位要求保密的矿产资源登记统计资料，国土资源行政主管部门应当依法予以保密。

县级以上国土资源行政主管部门发布本行政区矿产资源登记统计信息，提供有关信息服务时，应当遵守国家保密法律、法规的规定。

第二十条 县级以上国土资源行政主管部门应当确定具有相应专业知识的人员具体承担登记统计工作，定期对登记统计工作人员进行考评；对成绩显著、贡献突出的，应当给予表彰和奖励。

第五章 法律责任

第二十一条 采矿权人不依照本办法规定填报矿产资源统计基础表，虚报、瞒报、拒报、迟报矿产资源统计资料，拒绝接受检查、现场抽查或者弄虚作假的，依照《矿产资源开采登记管理办法》第十八条、《矿产资源补偿费征收管理规定》第十六条以及《中华人民共和国统计法》及其实施细则的有关规定进行处罚。

第二十二条 国土资源行政主管部门工作人员在矿产资源登记统计工作中玩忽职守、滥用职权、徇私舞弊的，依法给予行政处分；构成犯罪的，依法追究刑事责任。

第六章 附 则

第二十三条 本办法自2004年3月1日起施行。1995年1月3日原地质矿产部发布的《矿产储量登记统计管理暂行办法》同时废止。

国土资源部

二〇〇三年十一月二十六日

最高人民法院关于审理非法采矿、破坏性采矿刑事案件具体应用法律若干问题的解释

(2003年5月16日由最高人民法院审判委员会第1270次会议通过，
2003年5月29日公布，2003年6月3日起施行，
法释［2003］9号)

为依法惩处非法采矿、破坏性采矿犯罪活动，根据刑法有关规定，现就审理这类刑事案件具体应用法律的若干问题解释如下：

第一条 违反矿产资源法的规定非法采矿，具有下列情形之一，经责令停止开采后拒不停止开采，造成矿产资源破坏的，依照刑法第三百四十三条第一款的规定，以非法采矿罪定罪处罚：

(一) 未取得采矿许可证擅自采矿；

(二) 擅自进入国家规划矿区、对国民经济具有重要价值的矿区和他人矿区范围采矿；

(三) 擅自开采国家规定实行保护性开采的特定矿种。

第二条 具有下列情形之一的，属于本解释第一条第(一)项规定的“未取得采矿许可证擅自采矿”：

(一) 无采矿许可证开采矿产资源的；

(二) 采矿许可证被注销、吊销后继续开采矿产资源的；

(三) 超越采矿许可证规定的矿区范围开采矿产资源的；

(四) 未按采矿许可证规定的矿种开采矿产资源的(共生、伴生矿种除外)；

(五) 其他未取得采矿许可证开采矿产资源的情形。

第三条 非法采矿造成矿产资源破坏的价值，数额在5万元

以上的，属于刑法第三百四十三条第一款规定的“造成矿产资源破坏”；数额在 30 万元以上的，属于刑法第三百四十三条第二款规定的“造成矿产资源严重破坏”。

第四条 刑法第三百四十三条第二款规定的破坏性采矿罪中“采取破坏性的开采方法开采矿产资源”，是指行为人违反地质矿产主管部门审查批准的矿产资源开发利用方案开采矿产资源，并造成矿产资源严重破坏的行为。

第五条 破坏性采矿造成矿产资源破坏的价值，数额在 30 万元以上的，属于刑法第三百四十三条第二款规定的“造成矿产资源严重破坏”。

第六条 破坏性的开采方法以及造成矿产资源破坏或者严重破坏的数额，由省级以上地质矿产主管部门出具鉴定结论，经查证属实后予以认定。

第七条 多次非法采矿或者破坏性采矿构成犯罪，依法应当追诉的，或者一年内多次非法采矿或破坏性采矿未经处理的，造成矿产资源破坏的数额累计计算。

第八条 单位犯非法采矿罪和破坏性采矿罪的定罪量刑标准，按照本解释的有关规定执行。

第九条 各省、自治区、直辖市高级人民法院，可以根据本地区的实际情况，在 5 万元至 10 万元、30 万元至 50 万元的幅度内，确定执行本解释第三条、第五条的起点数额标准，并报最高人民法院备案。

云南省探矿权采矿权管理办法

（2006 年 7 月 2 日，云南省人民政府，云政发［2006］102 号）

第一章　总　则

第一条　为了加强探矿权、采矿权管理，维护矿产资源的勘查、开发秩序，促进全省矿业经济健康协调发展，根据《中华人民共和国矿产资源法》等有关法律法规，结合本省实际，制定本办法（以下简称本办法）。

第二条　在我省行政区域内进行矿产资源勘查、开采、实施探矿权和采矿权管理，必须遵守本办法。

石油、天然气、煤成（层）气、铀、钍矿产资源的勘查开采，按照国家有关规定进行管理。

第三条　各级人民政府应当依法维护本行政区域内矿产资源勘查、开发秩序，加强对矿产资源的管理和保护，依法维护探矿权人、采矿权人的合法权益。

县级以上国土资源行政主管部门是同级人民政府负责探矿权、采矿权管理的职能部门，依照法律、法规规定的权限，具体负责本行政区域内探矿权、采矿权审批发证和监督管理工作。

县级以上人民政府有关行政主管部门，按照各自的职责协助同级国土资源行政主管部门做好矿产资源开发利用和保护工作。

第四条　勘查、开采矿产资源，应当依法分别申请登记、领取勘查许可证、采矿许可证。

探矿权、采矿权的转让应当符合法定的转让条件，并报经省级以上国土资源行政主管部门批准。

禁止非法出租、买卖或者以其他形式非法转让探矿权、采矿权。

第五条 探矿权、采矿权申请人，应当具备法律、法规规定的主体资格和资质条件。

第六条 探矿权、采矿权的设置，必须贯彻科学发展观，遵循统一规划、合理布局、综合勘查、合理开采和综合利用的原则；必须符合矿产资源总体规划和相关的专项规划；符合国家有关产业政策和环境保护、安全生产的要求。

第七条 探矿权、采矿权的审批权限和出让方式，执行国家和省的有关规定。

第二章 探矿权采矿权申请

第八条 个人、社会团体和政府机关不能作为探矿权、采矿权申请人；但个人申请开采用作普通建筑材料的砂、石、粘土等小型矿山采矿权除外。

第九条 探矿权、采矿权申请人应当具备与申请勘查、开采矿种及规模相适应的资金，采矿权申请人应当有相应的专业技术人员和技术设备。

探矿权申请人的注册资金不得低于300万元，银行提供的资金证明不得低于勘查设计的投资预算。

拟建规模为大中型矿山或者申请开采储量规模为中型以上矿产地的采矿权申请人，注册资金不得少于5 000万元或者前三年平均纳税额不低于500万元，项目资本金不得低于矿山开发利用方案或者初步设计概算投资额的35%。

拟建规模为小型矿山的采矿权申请人，注册资金不得少于500万元，项目资本金不得低于矿山开发利用方案或初步设计概算投资额的 50%。个人申请开采用作普通建筑材料的砂、石、粘土等小型矿山采矿权除外。

第十条 申请国家或者省级矿产资源规划确定的重点成矿区带以及申请矿产资源规划确定为限制勘查区内的探矿权，勘查单位必须具有甲级地质勘查资质。

申请《矿产勘查开采分类目录》（以下简称《分类目录》）中第一类矿产及煤、铁、磷、钛等矿产的探矿权，勘查单位必须具有乙级以上地质勘查资质。

第十一条 探矿权人违法被吊销勘查许可证，自勘查许可证被吊销之日起6个月内，不得申请探矿权，也不得通过招标、拍卖、挂牌等方式取得探矿权。

采矿权人违法被吊销采矿许可证，自采矿许可证被吊销之日起2年内，不得申请采矿权，也不得通过招标、拍卖、挂牌等方式取得采矿权。

第十二条 探矿权申请人应当根据矿产勘查技术规范编制勘查设计和勘查实施方案，明确项目需要完成的实物工作量、年度工作计划和完成项目所需的工作年限、年度经费预算。

采矿权申请人必须委托具有设计资质的单位编制矿产资源开发利用方案或者矿山建设可行性研究报告，并办理评审及备案。

第十三条 探矿权申请人申请探矿权，应当向登记管理机关提交下列材料：

（一）探矿权申请登记书和申请的勘查区块范围图；

（二）勘查单位的资质证书复印件；

（三）勘查合同或者委托勘查的证明文件；

（四）勘查设计和勘查实施方案及附件；

（五）勘查项目资金来源证明；

（六）申请由政府出资探明矿产地探矿权的，还应提交该探矿权价款评估、确认及处置的有关证明材料；

（七）勘查登记管理机关要求提交的其他材料。

第十四条 采矿权申请人申请采矿许可证前，应当向登记管理机关提交下列材料，申请划定矿区范围：

（一）申请划定矿区范围的报告和矿区范围图；

（二）矿产资源储量评审备案证明；

（三）矿产资源开发利用初步方案；

（四）企业法人营业执照或者名称预先核准通知书；

（五）资金来源证明；

（六）探矿权属证明材料。

第十五条 矿区范围经批准划定后，采矿权申请人申办采矿许可证的，应当在预留期满前向登记管理机关提交下列材料：

（一）采矿权申请登记书；

（二）按照有关规定编制的矿区范围图；

（三）矿产资源开发利用方案或者矿山建设可行性研究报告及评审、备案证明文件；

（四）申请人的企业法人营业执照；

（五）申请人的资金、技术、设备和纳税情况的证明材料；

（六）矿山环境影响评价报告及有批准权的环境行政主管部门的审查意见；

（七）矿山地质灾害危险性评估报告及评审、备案证明文件；

（八）安全生产监督主管部门对矿山安全措施的审查意见；

（九）申请由政府出资探明矿产地采矿权的，还应提交采矿权价款评估、确认及处置的有关证明材料；

（十）采矿登记管理机关要求提交的其他材料。

第十六条 以招标、拍卖、挂牌方式出让探矿权、采矿权的，中标人、竞得人应分别按照本办法第十三条、第十四条、第十五条的规定提交有关材料，向勘查登记、采矿登记管理机关办理勘查许可证、采矿许可证。

第三章　探矿权、采矿权的出让方式

第十七条　探矿权的出让方式：

（一）属于《矿产勘查开采分类目录》（以下简称《分类目录》），规定的第一类矿产的勘查，并在矿产勘查工作空白区或进行过矿产勘查但未获可供进一步勘查矿产地的区域内，以申请在先即先申请者先依法登记的方式出让探矿权；

（二）属于下列情形的，以招标、拍卖、挂牌方式出让探矿权。

1.《分类目录》规定的第二类矿产；

2.《分类目录》规定的第一类矿产，已进行过矿产勘查工作并获可供进一步勘查的矿产地或以往采矿活动显示存在可供进一步勘查的矿产地。

第十八条　属于下列情形的，不再设探矿权，而以招标、拍卖、挂牌方式直接出让采矿权。

（一）《分类目录》规定的第三类矿产；

（二）《分类目录》规定的第一类、第二类矿产，属政府出资勘查探明的矿产地；

（三）《分类目录》规定的第一类、第二类矿产，探矿权灭失，但矿产勘查工作程度已经达到详查以上程度并符合开采设计要求的矿产地；

（四）《分类目录》规定的第一类、第二类矿产，采矿权灭失或以往有过采矿活动，经核实存在可供开采矿产储量或有经济价值矿产资源的矿产地。

第十九条　以招标、拍卖、挂牌方式出让探矿权、采矿权有下列情形之一的，经批准允许以协议方式出让。

（一）国务院批准的重点矿产资源开发项目和为国务院批准的重点建设项目提供配套资源的矿产地；

（二）已设采矿权需要整合或利用原有生产系统扩大勘查开采范围的毗邻区域；

（三）经省人民政府同意，并报国土资源部批准的大型矿产资源开发项目；

（四）政府出资为危机矿山寻找接替资源的找矿项目。

第二十条 有下列情形之一的，应以招标的方式出让探矿权、采矿权。

（一）根据法律法规、国家政策规定可以新设探矿权、采矿权的环境敏感地区和未达到国家规定的环境质量标准的地区；

（二）共伴生组分多、综合开发利用技术水平要求高的矿产地；

（三）低品位、难选冶矿产或者因开采条件限制需要采用特殊的采矿方法、选矿方法矿产地的采矿权；

（四）矿产资源规划规定的其他情形。

第二十一条 探矿权人申请其勘查区块范围内的采矿权，符合规定的，应依法予以批准。

第二十二条 国土资源行政主管部门在受理矿业权申请时，如果对同一区域同时出现探矿权申请和采矿权申请，经审查符合采矿权设置条件的，应当设置采矿权。

第二十三条 以招标、拍卖、挂牌方式授予探矿权、采矿权的，按照国土资源部《探矿权采矿权招标拍卖挂牌管理暂行办法》和省政府的有关规定执行。

第四章 探矿权采矿权的审批

第二十四条 县级以上国土资源行政主管部门审批探矿权、

采矿权，应当先进行规划审查。规划审查的内容包括：

（一）是否符合矿产资源总体规划及矿产资源勘查、开发专项规划；

（二）是否符合产业政策及产业发展方向；

（三）是否符合地质灾害防治规划和地质遗迹保护规划；

（四）是否符合土地利用总体规划；

（五）是否存在探矿权、采矿权的交叉重叠。

第二十五条 县级以上国土资源行政主管部门应当依照有关法律、法规的规定和国土资源部的授权，依法审批探矿权、采矿权。

严禁越权审批探矿权、采矿权。

严禁新设探矿权勘查程度低于原有勘查程度。

严禁将大中型储量规模的矿产地化大为小，分割出让。

第二十六条 国家规划矿区和对国民经济具有重要价值矿区、省级规划矿区和保护性开采的重要矿区，应按照有关规定编制探矿权、采矿权设置方案，各级勘查登记和采矿登记管理机关应当严格按照经批准的设置方案审批探矿权、采矿权。

第二十七条 申请开采国家和省级规划矿区的矿产资源、储量规模为中型以上（含中型）的矿产资源，由省国土资源行政主管部门审核，报省人民政府批准后，方可颁发采矿许可证。

第二十八条 国土资源行政主管部门应当向社会公示探矿权、采矿权的申报条件、审批流程和审批原则，建立基础性、公益性地质矿产信息和探矿权、采矿权设置情况公告和公开查询制度。

第二十九条 有下列情形之一的，不予审批颁发勘查许可证、采矿许可证：

（一）不符合矿产资源规划，勘查、开发布局明显不合理的；

（二）应当整体勘查、规模开发的矿产地，分割申请勘查、开采的；

（三）开采规模与资源储量规模不相适应，大矿小开、一矿多开的；

（四）探矿权、采矿权申请人不具备相应的资质、资格条件，所出具的资金证明与申请勘查、开发项目不符的；

（五）探矿权、采矿权有重叠交叉或者有权属争议的；

（六）申请人隐瞒真实情况，提供虚假材料的；

（七）申请人违反矿产资源法律、法规，未经行政处罚或者处罚尚未执行完毕的；

（八）属政府出资勘查探明的矿产地，未进行矿业权价款评估和处置，申请人的缴款方案未经审批确认，或者申请人未缴纳有关规定费用的；

（九）按照规定应以招标、拍卖、挂牌方式出让矿业权，但未进行招标、拍卖、挂牌的；

（十）在国家和省级规划矿区和矿产勘查远景区、中型以上矿产地内的零星矿业权；

（十一）矿山建设规模低于矿产资源规划确定的矿山开采最小规模的；

（十二）勘查项目区块面积不足一个基本区块的；

（十三）其他不宜审批发证的情形。

第三十条 县级以上国土资源行政主管部门对经审查同意的勘查设计及工程布置图、矿产资源开发利用方案、矿区范围图和采掘工程平面图应当加盖登记发证专用章，并送勘查项目或者矿山所在地的国土资源行政管理部门作为监督管理的依据。

第五章 探矿权采矿权转让审批、延续和变更登记

第三十一条 探矿权、采矿权的转让依照《探矿权采矿权转让管理办法》的规定办理。

探矿权、采矿权受让人必须符合本办法第八条、第九条规定的条件。

第三十二条 探矿权人自领取勘查许可证之日起未满2年或者没有按照批准的勘查设计组织施工并提交勘查报告的，不得转让。

探矿权再次转让，应当提交较上一次转让更高勘查程度的勘查报告。

第三十三条 转让无偿取得政府出资勘查探明矿产地探矿权、采矿权的，转让人必须缴纳经依法评估确认的探矿权价款和采矿权价款。

第三十四条 勘查许可证、采矿许可证有效期满需要继续勘查、采矿的，应当在有效期届满的30日前，向原发证机关申请办理延续登记手续。

申请探矿权延续登记应当提交以下材料：

（一）延续申请登记书；

（二）年度检查报告；

（三）原颁发的勘查许可证。

申请采矿权延续登记应当提交以下材料：

（一）延续申请登记书；

（二）年度检查报告；

（三）矿山保有储量核实评审备案证明或储量登记证明；

（四）州（市）、县（市、区）国土资源行政主管部门的审查意见；

（五）原颁发的采矿许可证。

第三十五条 探矿权人申请延续登记，必须符合以下条件：

（一）已按勘查设计组织施工，各类实物工作量完成70%以上；

（二）没有无故停工6个月以上的情况；

（三）无持勘查许可证采矿、非法承包、转让等违法行为；

（四）已依法缴纳有关规定的费用；

（五）依法履行其他法定义务。

第三十六条 勘查项目因勘查程度提高需要继续申请探矿权的，按照探矿权延续登记的规定办理。勘查项目申请相同勘查程度的延续登记，申请人必须核减50%的勘查区块面积。

第三十七条 探矿权人有下列情形之一的，应当在许可证有效期内，向原登记管理机关办理变更登记手续：

（一）扩大或缩小勘查区块范围的；

（二）改变勘查工作对象的；

（三）经依法批准转让探矿权的；

（四）探矿权人改变名称或者地址的；

（五）变更勘查单位的。

采矿权人有下列情形之一的，应在采矿许可证有效期内，向原审批发证机关办理变更登记手续：

（一）变更矿区范围的；

（二）变更主要开采矿种的；

（三）变更开采方式的；

（四）变更矿山企业名称的；

（五）经依法批准转让采矿权的。

第三十八条 申办探矿权变更登记应当提交以下材料：

（一）探矿权变更申请登记书；

（二）州（市）、县（市、区）国土资源行政主管部门的审查意见；

（三）原颁发的勘查许可证；

（四）变更勘查区块范围的，应当提交变更后的勘查区块范围图；变更勘查工作对象的，应当提交变更勘查矿种的勘查设计和实施方案；变更探矿权人名称的，应当提交变更后的工商营业执照；变更勘查单位的，应当提交变更后勘查单位的勘查资质证和探矿权人与勘查单位签订的勘查合同；经依法批准转让探矿权的，应当提交转让审批机关的批准转让文件。

第三十九条 申办采矿权变更登记应当提交以下材料：

（一）采矿权变更申请登记书；

（二）州（市）、县（市、区）国土资源行政主管部门同意变更登记的审查意见；

（三）原颁发的采矿许可证；

（四）变更矿区范围的，应当提交变更后的矿区范围图及其他材料；变更主要开采矿种的，应当提交变更矿种的储量核实备案证明和该矿种的开发利用方案；变更开采方式的，应当提交变更后的开发利用方案及其他材料；变更矿山企业名称的，应当提交变更后的工商营业执照；经依法批准转让采矿权的，应当提交转让审批机关的批准转让文件。

第四十条 探矿权人申请变更勘查工作对象，必须符合以下条件：

（一）领取勘查许可证 1 年以上；

（二）已按勘查设计组织施工，各类实物工作量完成 50%以上；

（三）无持勘查许可证采矿、非法转让等违法行为；

（四）依法缴纳有关规定费用；

（五）依法履行其他法定义务。

第六章　探矿权采矿权的监督管理

第四十一条　省级国土资源行政主管部门应当自颁发勘查许可证、采矿许可证之日起 10 日内，将登记发证情况通知勘查项目和矿山所在地的市、县级国土资源行政主管部门，并分送有关材料。

市、县级国土资源行政主管部门应当自颁发采矿许可证之日起 15 日内，将登记发证情况向省级国土资源行政主管部门备案。

第四十二条　县级人民政府及其国土资源行政主管部门应当依法维护本行政区域内的矿产勘查、开发秩序，禁止任何单位和个人进入他人依法取得探矿权、采矿权的范围内进行勘查或者采矿活动，依法维护探矿权人、采矿权人的合法权益。

第四十三条　探矿权人、采矿权人在领取勘查许可证、采矿许可证后，应当在半年内组织开工，并向勘查项目和矿山所在地的县级国土资源行政主管部门报送开工报告。

第四十四条　探矿权人、采矿权人必须接受国土资源行政主管部门的监督检查，按规定报告有关情况和提交年度报告。

第四十五条　勘查单位、设计单位、评估单位对其编制的勘查设计、开发利用方案、矿业权价款评估报告、地质灾害危险性评估报告的真实性负法律责任。

第四十六条　违反本办法规定的，由有关部门依照有关法律、法规的规定予以处罚；构成犯罪的，依法追究刑事责任。

第七章　附　则

第四十七条　本办法自发布之日起施行。

附件：矿产勘查开采分类目录

［附件］**矿产勘查开采分类目录**

一、可按申请在先方式出让探矿权类矿产（第一类）

地热（火成岩、变质岩区构造裂隙型）；锰、铬、钡、铜、铅、锌、铝土矿、镍、钴、钨、锡、铋、钼、汞、锑、镁；铂、钯、钌、锇、铱、铑；金、银；铌、钽、铍、锂、锆、锶、铷、铯；镧、铈、镨、钕、钐、铕、钇、钆、铽、镝、钬、铒、铥、镱、镥；钪、锗、镓、铟、铊、铪、铼、镉、硒、碲；金刚石、自然硫、硫铁矿、钾盐、蓝晶石、石棉、蓝石棉、石榴子石、蛭石、沸石、重晶石、方解石、冰洲石、萤石、宝石、玉石、地下水（火成岩、变质岩区构造裂隙型）；二氧化碳气、硫化氢气、氦气、氡气。

二、可按招标拍卖挂牌方式出让探矿权矿产（第二类）

煤炭、石煤、油页岩、油砂、天然沥青、地热（沉积地层型）；铁；石墨、磷、硼、水晶、刚玉、硅线石、红柱石、硅灰石、钠硝石、滑石、云母、长石、叶蜡石、透辉石、透闪石、明矾石、芒硝（含钙芒硝）、石膏（含硬石膏）、毒重石、天然碱、菱镁矿、黄玉、电气石、玛瑙、颜料矿物、石灰岩（其他）、泥灰岩、白垩、含钾岩石、白云岩、石英岩、砂岩（其他）、天然石英砂（其他）、脉石英、粉石英、天然油石、含钾砂页岩、硅藻土、页岩（其他）、高岭土、陶瓷土、耐火粘土、凸凹棒石粘土、海泡石粘土、伊利石粘土、累托石粘土、膨润土、铁矾土、其他粘土、橄榄岩、蛇纹岩、玄武岩、辉绿岩、安山岩、闪长岩、花岗岩、麦饭石、珍珠岩、黑曜岩、松脂岩、浮石、粘面岩、霞石正长岩、凝灰岩、火山灰、火山渣、大理岩、板岩、片麻岩、角闪岩、泥炭、矿盐（湖盐、岩盐、天然卤水）、镁盐、碘、溴、砷；地下水（沉积地层型）、矿泉水。

三、可按招标拍卖挂牌方式出让采矿权类矿产（第三类）

石灰岩（建筑石料用）、砂岩（砖瓦用）、天然石英砂（建筑、砖瓦用）、粘土（砖瓦用）、页岩（砖瓦用）。

云南省矿产资源有偿使用费征收和使用管理暂行办法

（2006年7月2日，云南省人民政府，云政发［2006］102号）

第一章　总　则

第一条　为了促进矿产资源的合理开发和有效保护，规范矿产资源有偿使用费的征收和管理工作，根据国家有关法律、法规和政策，结合本省实际，制定本办法（以下简称本办法）。

第二条　我省行政区域内矿产资源有偿使用费的征收和管理适用本办法。各类采矿权人必须依照本办法的规定缴纳矿产资源有偿使用费。

第三条　矿产资源有偿使用费纳入省级财政预算，实行收支两条线管理，按照规定的科目，就地及时全额缴入省级财政专户，专款专用。

第四条　矿产资源有偿使用费由国土资源行政主管部门负责组织征收，省、州（市）、县（市、区）三级国土资源行政主管部门对矿产资源有偿使用费的征收实行分级管理。

第五条　县级以上财政部门负责对矿产资源有偿使用费的征收进行监督，按照本办法的规定对矿产资源有偿使用费办理分流，会同同级国土资源行政主管部门对本级所得矿产资源有偿使用费的使用进行管理。

第二章　征收与缴纳

第六条　矿产资源有偿使用费应缴费额以采矿权矿区范围内的占用资源储量为基础进行计算。计算公式为：应缴费额＝占用资源储量×单位储量使用费费率标准。

占用资源储量是指基础储量和内蕴经济资源量。

矿产资源有偿使用费费率标准由省人民政府制定，具体标准见本办法附件。

省国土资源行政主管部门和省财政部门可以根据不同矿产品价格市场变化情况对矿产资源有偿使用费费率标准进行适时调整，报省人民政府批准后执行。

第七条　征收矿产资源有偿使用费的占用资源储量，新建矿山企业以经评审备案的矿区范围内矿产资源储量报告确认的数据为准；在建或者已投产的矿山企业，以批准的矿区范围内经评审备案或者办理占用登记的矿产资源储量为准。

第八条　国家和省两级国土资源行政主管部门审批颁发采矿许可证的，由省国土资源行政主管部门负责征收矿产资源有偿使用费；由州（市）、县（市、区）国土资源行政主管部门审批颁发采矿许可证的，由同级国土资源行政主管部门负责征收矿产资源有偿使用费。

第九条　有关地质勘查单位必须严格执行有关行业技术规范和标准，对所编制的矿产资源储量报告的真实性负责，并按照规定的程序报国土资源行政主管部门评审和备案。

第十条　矿产资源有偿使用费应缴费额低于500万元的，由采矿权人在领取采矿许可证时一次性缴纳；应缴费额高于500万元，且采矿权人一次性缴纳确有困难的，由采矿权人提出申请，经省国土资源行政主管部门会同省财政部门审查同意后，可以分期缴纳。具体办法由省国土资源行政主管部门会同省财政部门另行制定，报省人民政府批准后执行。

第十一条 采矿权人因扩大矿区范围需要办理采矿许可证变更登记的，对新增资源储量应按照本办法的规定缴纳矿产资源有偿使用费。

第十二条 有下列情形之一的，可以减缴矿产资源有偿使用费：

（一）采用先进技术开采低品位、难开采、难选冶的矿产资源的；

（二）对尾矿或废石（矸石）进行二次开发利用的；

（三）省国土资源行政主管部门会同省财政部门认定的其他情形。

第十三条 符合本办法第十二条规定的情形，采矿权人可以向国土资源行政主管部门书面申请减缴矿产资源有偿使用费，并提供相应的证明材料，由国土资源行政主管部门会同同级财政部门审批；其中申请减缴费额大于1 000万元的，由省国土资源行政主管部门会同省财政部门审查后，报省人民政府批准。

第三章 管理与使用

第十四条 各级国土资源行政主管部门征收的矿产资源有偿使用费，按季度编制上报有关报表。

省财政主管部门会同省国土资源行政主管部门按季度办理矿产资源有偿使用费的分流和返回。

第十五条 征收的矿产资源有偿使用费，由省财政部门会同省国土资源行政主管部门根据矿山企业所在地属地化原则进行统计汇总后，按照省30%、州（市）20%、县（市、区）50%的比例进行分流和返还。

第十六条 按照收支两条线的预算管理原则，矿产资源有偿使用费支出列入同级财政支出预算，专项用于矿产资源勘查（50%）、矿产资源保护支出（40%）和管理性支出（10%），不得挪作他用，节余结转下年使用。

第十七条 矿产资源勘查支出通过建立各级政府矿产资源勘查专项资金，用于政府安排的基础性和公益性地质调查、重要成矿区带和矿产资源的勘查。

矿产资源保护项目支出主要用于促进矿山合理开发利用和保护矿产资源的项目。

管理性支出主要用于矿业秩序维护和矿业权纠纷调处、矿业权监督管理、矿产资源管理信息建设、矿产资源规划、矿业权评估经费。

第四章 监督与检查

第十八条 国土资源行政主管部门有权对采矿权人上报的矿产资源储量进行核实和检查，有权进入生产现场取得有关数据资料，以确保有关数据的真实性。

采矿权人应当配合国土资源行政主管部门依法进行检查，如实、及时并按规定的方式提供上报有关的资料。

第十九条 上级国土资源行政主管部门、财政部门有权对下级国土资源行政主管部门、财政部门征收和使用矿产资源有偿使用费的情况进行监督检查；下级国土资源行政主管部门、财政部门应当按照规定及时向上级国土资源行政主管部门、财政部门报送征收使用矿产资源有偿使用费的报表和资料。

第二十条 矿业中介机构和有关服务机构违法本办法的规定，提供虚假储量报告，由县级以上国土资源行政主管部门会同有关部门将其行为记入企业不良信息，情节严重的，由发证机关依法取消相关资质，构成犯罪的，依法追究刑事责任。

第二十一条 国家机关工作人员在矿产资源有偿使用费征收管理工作中徇私舞弊、玩忽职守、滥用职权，尚未构成犯罪的，依法给予行政处分；构成犯罪的，依法追究刑事责任。

第五章 附 则

第二十二条 本办法自发布之日起施行。

第二十三条 本办法施行前已经设立的采矿权，由各级国土资源行政主管部门组织开展储量核实后，按照本办法的有关规定缴纳矿产资源有偿使用费。

[附件] 云南省矿产资源有偿使用费费率标准

云南省矿产资源有偿使用费费率标准

矿产类别	矿种	矿石类型或品级	资源储量单位	费率标准（元）
能源矿产	煤	烟 煤 无烟煤 褐 煤	吨	3.00 2.00 1.50
黑色金属	铁	富矿（TFe≥45%） 贫矿（Tfe＜45%）	矿石吨	5.00 4.00
	锰	富矿（Mn≥18%） 贫矿（Mn＜18%）	矿石吨	5.00 4.00
	钛砂矿		矿物吨	6.00

续　表

矿产类别	矿种	矿石类型或品级	资源储量单位	费率标准（元）
有色金属	铜	富矿（Cu≥0.8%） 贫矿（Cu＜0.8%）	金属吨	400 350
	铅	氧化矿 硫化矿 混合矿	金属吨	150 120 100
	锌	氧化矿 硫化矿 混合矿	金属吨	200 150 100
	锡	富矿（Sn≥0.6%） 贫矿（Sn＜0.6%）	金属吨	700 600
	钨		金属吨	1200
	镍		金属吨	1200
	钼		金属吨	2000
	锑		金属吨	400
贵金属	金		金属千克	4000
	银	独立银矿 共生矿	金属千克	100 60
	铂		金属千克	6000
	钯		金属千克	3000
	锶	天青石	矿物吨	10.00

续 表

矿产类别	矿种	矿石类型或品级	资源储量单位	费率标准（元）
化工矿产	磷	Ⅰ级品 Ⅱ级品 Ⅲ级品	矿石吨	3.00 2.00 1.50
	岩盐		矿石吨	1.00
	芒硝		矿石吨	1.00
	硫铁矿	独立矿 共生矿	标矿吨	5.00 2.00
非金属矿产	水泥石灰岩		矿石吨	0.50
	高岭土		矿石吨	1.00
	硅藻土		矿石吨	1.00
	大理石		矿石立方米	20.00
	花岗石		矿石立方米	20.00
	饰面砂岩		矿石立方米	15.00
	建筑用砂		矿石吨	0.50
	建筑石料		矿石吨	0.50
	砖瓦粘土		矿石吨	0.50
水气矿产	地热水		立方米	1.00
	矿泉水		立方米	2.00

注：1. 本表未列矿种的矿产资源有偿使用费费率标准，比照本表中所列相同矿产类型的费率标准执行。

2. 地热水、矿泉水以采矿许可证批准的年度开采规模分年度征收。

云南省矿山地质环境恢复治理保证金管理暂行办法

（2006年7月2日，云南省人民政府，云政发［2006］102号）

第一条 为了加强矿山地质环境保护，有效防治矿山地质灾害，促进经济社会可持续发展，根据《国务院关于全面整顿和规范矿产资源开发秩序的通知》（国发［2005］28号）规定，结合我省实际，制定本办法（以下简称本办法）。

第二条 本办法所称矿山地质环境恢复治理保证金（以下简称保证金），是指为了保证采矿权人在采矿过程中以及矿山停办、关闭或闭坑时，切实履行矿山地质环境保护与恢复治理义务而由采矿权人向国土资源行政主管部门交存的保证金。

本办法所称矿山地质环境，是指因开发利用矿产资源所涉及的地层、构造、岩石、土壤、地质遗迹、地下水、地形地貌等要素的总体，是蕴藏矿产资源的载体，具有环境和资源的双重属性。

本办法所称矿山地质灾害，是指开发矿产资源造成的危害人民生命财产安全的地质现象，主要包括崩塌、滑坡、泥石流、地裂缝、地面沉降和地面塌陷。

第三条 凡在我省行政区域内从事矿产资源开发活动的采矿权人，必须依法履行矿山地质环境保护与恢复治理的义务，按照本办法向县级以上国土资源行政主管部门作出书面承诺，并交存保证金。

保证金属于采矿权人所有，采矿权人履行了矿山地质环境保护与恢复治理的义务，经检查验收合格后，保证金本金和利息返还采矿权人。

采矿权人交存保证金，不免除其矿山地质环境保护与恢复治理义务。

第四条 保证金的收取、使用及本息返还，按采矿权审批权限，由县级以上国土资源行政主管部门分级负责。跨行政区域的由上一级国土资源行政主管部门负责。国土资源部发证的由省国土资源行政主管部门负责。

上级国土资源行政主管部门可以委托下级国土资源行政主管部门负责应由其负责的保证金的收取、使用及本息的返还。

负责保证金管理的国土资源行政主管部门应建立健全相应的保证金管理制度。

第五条 矿山地质环境保护与恢复治理主要包括预防和治理矿山地质灾害、保护矿区自然地质地貌景观或珍稀地质遗迹、开展矿山土地复垦等。

矿山地质环境保护与恢复治理工作应与矿产资源开发工作统一规划，综合治理，达到经审查批准的矿山开发建设项目环境影响评价报告、矿山地质灾害危险性评估报告的要求。

第六条 各级国土资源行政主管部门必须对本行政区域内的矿山地质环境保护与恢复治理工作进行定期和不定期监督检查，对发现的问题依法及时处理，并报上级和有关部门。

有关行政主管部门应当协助同级国土资源行政主管部门对矿山企业履行矿山地质环境保护与恢复治理义务进行监督检查。

第七条 保证金的收取标准根据采矿许可证批准登记的面积、有效期、矿种、开采方式以及对地质环境的影响程度等因素，按照下列方法确定：

保证金收取总额＝单位面积交存标准×登记面积×有效年数×影响系数。

有效年数指新颁发采矿许可证的许可年限，或者已颁发采矿许可证的许可剩余年限。年限不足一年的按一年计算。保证金收取标准及影响系数见附件。

第八条 保证金可以一次性交存或者分期交存。

采矿许可证有效期在三年以内（含三年）的，必须一次性全额交存保证金。

采矿许可证有效期在三年以上的，采矿权人可按年度平均交存，但首次交存的数额不得少于前三年应交的总额，余额应在采矿许可证有效期满前一年全部交清。

采矿权有效期在三年以上、按照开采设计分期分批开采的，经负责采矿登记的国土资源行政主管部门同意，可以先交存首采矿段的保证金。首采矿段的矿山地质环境保护与恢复治理验收合格后，交存的保证金可以结转为下一开采矿段的保证金。各矿段保证金的数额应当分别测算。

第九条 采矿权申请人应当自收到准予采矿登记通知之日起15个工作日内，到指定银行交存保证金。凭保证金交存凭证及相关材料，到采矿权审批机关签订矿山地质环境保护与恢复治理责任书，领取采矿许可证。

矿山地质环境保护与恢复治理责任书的格式和内容由省国土资源行政主管部门按照有关规定和要求统一制定。

第十条 保证金必须存入各级国土资源行政主管部门指定的银行专户，集中管理，专款专用，不得用于其他任何用途。

第十一条 采矿权人在矿山停办、关闭、闭坑前，在完成矿山地质环境保护与恢复治理工作后，向负责保证金管理的国土资源行政主管部门书面提出检查验收申请，并提交矿山地质环境保护与恢复治理报告。国土资源行政主管部门根据矿山地质环境保护与恢复治理责任书、有关技术标准和验收规范，以及经批准的矿山开发建设项目环境影响评价报告、矿山地质灾害危险性评估报告等组织验收。验收结果报上一级国土资源行政主管部门备案。

前款规定的有关技术标准和验收规范，由国土资源行政主管部门会同有关部门制定。

第十二条 采矿权人履行了矿山地质环境保护与恢复治理义务，经验收合格的，由负责保证金管理的国土资源行政主管部门返还保证金本息。

经验收不合格的，由负责保证金管理的国土资源行政主管部门责令其限期恢复治理，限期恢复治理经复验合格后，按照前款规定向采矿权人返还本息。

采矿权人未履行矿山地质环境保护与恢复治理义务或者验收不合格，逾期不进行恢复治理或者恢复治理后仍达不到要求的，由负责保证金管理的国土资源行政主管部门组织招、投标，使用其交存的保证金及利息实施恢复治理。

保证金及利息不足以完成该矿山地质环境恢复治理的，采矿权人应当交纳不足部分的费用；保证金及利息有节余的，其余额返还采矿权人。

采矿权人在开采过程中应当同时进行恢复治理。采矿权人申请对分期恢复治理工程进行检查验收的，负责保证金管理的国土资源行政主管部门应当组织检查验收。经验收合格的，可根据开采年限，按一定比例逐步返还保证金及利息。但保证金余额不得少于保证金总额的15%。

第十三条 采矿权人转让采矿权的，保证金及利息可以一并转让，由采矿权的受让人承担矿山地质环境保护与恢复治理义务。

保证金不转让的，采矿权转让人应当完成规定的矿山地质环境保护与恢复治理工作，由国土资源行政主管部门会同有关部门验收，并按照本办法第十二条的规定办理，同时由采矿权的受让人按照本办法规定重新交存保证金。

第十四条 变更开采的主要矿种和开采方式的，应根据变更后的矿产资源开发利用方案、设计，重新确定应当交存的保证金总额。

第十五条 扩大开采范围的，应当对原开采范围内的矿山地质环境保护与恢复治理情况进行实地检查验收，并重新核算和确认应当交存的保证金数额。

分矿段开采需要变更开采范围的，应进行实地检查验收，并调整交存的保证金数额。

第十六条 采矿许可证期满需要申请延续登记的，必须重新签订矿山地质环境保护与恢复治理责任书，并重新核算和确认保证金数额。

第十七条 保证金及利息因故无人申请返还的，应当优先用于该矿山地质环境恢复治理，剩余部分用于其他矿山地质环境恢复治理，禁止将其改变用途。

第十八条 采矿权人因违法受到行政处罚或者因其他原因终止采矿的，不免除矿山地质环境恢复治理义务。

第十九条 环境保护、林业、水利等有关行政主管部门按照各自职责，配合同级国土资源行政主管部门共同做好矿山地质环境的保护与恢复治理工作。

各级审计、财政等部门负责对保证金实施监督。

第二十条 采矿权人不履行矿山地质环境保护与恢复治理义务的，按照有关法律法规的规定进行处罚。

第二十一条 负责保证金管理的国土资源行政主管部门违反本办法的规定，擅自收取、借支或挪用保证金，或者在工作中玩忽职守、徇私舞弊、滥用职权的，由同级人民政府或者上级行政主管部门责令其限期改正，并对直接责任人给予行政处分；构成犯罪的，依法追究刑事责任。

第二十二条 已经取得采矿许可证的，按照本办法的规定，于2006年12月31日前到颁发许可证或者受委托的国土资源行政主管部门交存保证金。

第二十三条 本办法自发布之日起实行。

[附件] 云南省矿山地质环境恢复治理保证金收取参考标准

云南省矿山地质环境恢复治理保证金收取参考标准

<table>
<tr><td colspan="3">收取标准</td><td colspan="5">影响系数</td></tr>
<tr><td colspan="2">矿种</td><td>收取标准
(元/平方米·年)</td><td colspan="2">露天开采</td><td colspan="3">地下开采</td></tr>
<tr><td rowspan="4">能源矿产</td><td>煤</td><td>0.10－0.25</td><td>开采方法</td><td>影响系数</td><td colspan="2">开采方法</td><td>影响系数</td></tr>
<tr><td>石油、天然气、煤层气</td><td>0.005－0.01</td><td rowspan="4">自上而下水平分层采矿法</td><td rowspan="4">1.0</td><td colspan="2">充填法开采</td><td>0.5</td></tr>
<tr><td>地热</td><td>0.00－0.02</td><td colspan="2" rowspan="2">崩落法开采</td><td rowspan="2">1.5</td></tr>
<tr><td>其他矿种</td><td>0.10－0.20</td></tr>
<tr><td>金属矿产</td><td></td><td>0.10－0.40</td><td rowspan="2">空场法开采</td><td>不允许地面塌陷和地面沉降</td><td>1.0</td></tr>
<tr><td>非金属矿产</td><td></td><td>0.10－0.80</td><td rowspan="2">其他开采方法</td><td rowspan="2">1.5</td><td>允许地面塌陷和地面沉降</td><td>1.2</td></tr>
<tr><td>矿泉水</td><td></td><td>0.01－0.02</td><td colspan="2">其他开采方法</td><td>1.0</td></tr>
</table>

云南省矿业权交易管理暂行办法

（2006 年 7 月 2 日，云南省人民政府，云政发［2006］102 号）

第一条 为了培育和发展我省矿业权交易市场，规范矿业权交易行为，促进矿产资源的优化配置，根据《中华人民共和国矿产资源法》、国务院发布的《探矿权采矿权转让管理办法》等法律法规，结合我省实际，制定本办法（以下简称本办法）。

第二条 在我省行政区域内采用招标、拍卖、挂牌等公开竞争方式出让矿业权以及矿业权人转让矿业权的，应当遵守本办法。

本办法所称矿业权包括探矿权和采矿权。

第三条 在我省行政区域内的矿业权交易活动，应当在依法设立的矿业权交易机构中进行。

第四条 矿业权交易应当符合国家法律、法规和有关规定，遵循公开、公平、公正、诚信、自愿的原则。

第五条 省国土资源行政主管部门是全省矿业权交易的行政主管部门，负责矿业权交易的监督管理工作，依法履行下列职责：

（一）制定矿业权交易的有关管理办法和矿业权交易市场的发展规划；

（二）制定矿业权市场交易规则；

（三）对全省矿业权交易进行政策性指导；

（四）对州（市）、县（市、区）设立矿业权交易机构提出审核意见；

（五）依法监督矿业权交易的过程和交易结果，查处矿业权交易中违反交易规则的行为。

省财政、工商、税务、商务、编制、监察等有关部门按照各自的职责，协助省国土资源行政主管部门共同做好矿业权交易工作。

第六条 州（市）、县（市、区）国土资源行政主管部门负责本行政区域内矿业权交易工作的监督管理，其他有关部门应当按照各自的职责协助国土资源部门做好矿业权交易工作。

第七条 经省政府批准设立的云南省矿业权交易中心，由省国土资源行政主管部门管理，其主要职责是为矿业权交易提供平台，确认交易结果，提供法律和技术服务，并对市、县级矿业权交易机构提供业务指导。

第八条 州（市）、县（市、区）设立矿业权交易机构的，当地国土资源行政主管部门报省国土资源行政主管部门审核同意后，由有关主管机关依法审批。依法设立的矿业权交易机构由当地国土资源行政主管部门管理。

需利用已有土地交易中心开展矿业权交易业务的，应当经省国土资源行政主管部门审核同意。

第九条 县级以上人民政府公开出让矿业权的，应当符合国家有关规定。

第十条 矿业权人转让矿业权的，应当符合法律、法规规定的条件，并经省级以上国土资源行政主管部门批准。

第十一条 矿业权受让人应当符合法律、法规规定的矿业权申请人的条件。

外商申请受让矿业权的，应当经过有关部门核准。

第十二条 转让的矿业权中，涉及“政府出资勘查并探明矿产地”的，应当由矿业权评估机构先对政府出资部分的矿业权价值进行评估，结果得到确认并缴纳价款后方可转让。

第十三条 县级以上人民政府采用招标、拍卖、挂牌等公开竞争方式出让矿业权的，应当委托矿业权交易机构承办矿业权出让的具体工作。

第十四条 矿业权人转让矿业权的，应当持省级以上国土资源行政主管部门同意转让的文件，委托矿业权交易机构承办矿业权转让的具体工作。

矿业权人转让矿业权，可以采用招标、拍卖、挂牌、协议以及法律、法规允许的其他方式。

第十五条 委托矿业权交易机构承办矿业权出让或者转让具体业务的，应当与矿业权交易机构签订委托合同或者出具委托书，提供拟出让或者转让矿业权的有关资料。

委托书应当写明委托事项及委托范围。

第十六条 申请受让矿业权的，应当向矿业权交易机构提出申请，并提交其符合矿业权申请人资格的证明材料。

第十七条 采用招标、拍卖、挂牌等公开竞争方式出让矿业权的，实行有底价出让。

矿业权的出让底价，按照国家有关规定确定。

第十八条 采用招标、拍卖、挂牌方式转让矿业权的，其底价由矿业权人确定。

第十九条 采用招标、拍卖、挂牌方式出让或者转让矿业权的，按照招标、拍卖、挂牌规则确定成交价。

采用协议或者其他方式转让矿业权的，按照矿业权交易双方达成的一致意见确定矿业权成交价。

第二十条 采用招标、拍卖、挂牌、协议方式出让或者转让矿业权的具体交易规则由国土资源行政主管部门制定。

第二十一条 出让矿业权的，出让方与中标人或者竞得人应当签订矿业权成交确认书。成交确认书应当包括下列内容：

（一）中标人或者竞得人的名称、地址；

（二）成交时间、地点；

（三）中标、竞得的勘查区块、开采矿区的简要情况；

（四）矿业权成交价；

（五）矿业权成交价的缴纳时间、方式；

（六）办理矿业权登记所需的材料和要求；

（七）办理矿业权登记的时间期限；

（八）其他事项。

第二十二条 转让方与受让方达成矿业权转让意向后，应当签订矿业权交易合同。矿业权交易合同包括下列基本内容：

（一）矿业权转让人、受让人的名称、法定代表人、注册地址；

（二）转让矿业权的基本情况，包括当前权属关系、转让的许可证编号、发证机关、有效期限、矿业权的地理位置、坐标、面积、地质勘查工作或开发利用情况等；

（三）转让价格，付款方式或者权益实现方式等；

（四）争议解决方式；

（五）违约责任；

（六）其他事项。

第二十三条 矿业权成交确认书、矿业权交易合同，经双方当事人签字、盖章后，由矿业权交易机构鉴证。

矿业权成交确认书、矿业权交易合同的内容符合法律法规规定的，矿业权交易机构应当出具鉴证文书。

第二十四条 矿业权交易的受让方，凭矿业权交易机构出具的鉴证文书、矿业权成交确认书、矿业权交易合同及其他有关材料，向矿业权登记管理机关申请办理矿业权登记手续。矿业权登记管理机关应当在法定期限内办理矿业权登记手续。

第二十五条 矿业权交易过程中，出现下列情形之一的，经矿业权交易机构确认，可以终止交易：

（一）第三方对出让或者转让的矿业权有争议且尚未裁

决的；

（二）矿业权转让方或者受让方有矿产资源违法行为，尚未处理的，或者矿产资源违法行为的行政处罚尚未执行完毕的；

（三）依法应当中止矿业权交易的其他情形。

第二十六条 在矿业权交易过程中，出现下列情形之一的，应当终止交易，其矿业权交易行为无效：

（一）交易一方不具备交易资格的；

（二）违反国家法律、法规的；

（三）交易显失公平、损害国家利益的；

（四）出（转）让方或者受让方向矿业权交易机构提出终止矿业权交易的；

（五）人民法院依法发出终止交易书面通知的；

（六）依法终止矿业权交易的其他情形。

第二十七条 在矿权交易活动中，禁止下列行为：

（一）在矿业权交易机构外进行矿业权交易；

（二）操纵交易市场或者扰乱交易秩序；

（三）矿业权交易机构及其工作人员作为出让方、转让方、受让方参与矿业权交易活动；

（四）法律、法规禁止的其他行为。

第二十八条 矿业权交易机构及其工作人员违反本办法组织矿业权交易或者矿业权交易机构出具虚假成交确认书、虚假鉴证文书的，由有关部门依法处理。

第二十九条 矿业权交易双方和交易机构违反法律、法规，在矿业权交易中有影响公平交易行为和操纵市场行为的，由有关部门依法处理。

第三十条 本办法自发布之日起施行。

后　记

本书由云南省矿业协会组织编写完成，参与本书编写的有董通生律师（矿协秘书长）、王建昆律师、程华律师、王书华律师、黄和平律师、安岳军律师、潘江东（矿协秘书处文员）同志。

全书共分为矿业权法律知识问答、案例评析、矿业权法律文件选编三部分。

第一部分，矿业权法律知识问答。以问答形式，根据矿产资源法及相关法律法规及技术规范，解答了矿业权管理、矿业权市场、矿业权登记、矿产资源勘查开采、法律责任等五个方面共计174个问题。其中，王书华、黄和平共同设计了1至100问的参考题目，并编写了1至50问的答题；潘江东编写了51至100问的答题；程华设计并编写了矿业权登记法律知识问答部分；王建昆设计并编写了其余的问答题。在统稿时，对部分题目及其答题作了次序调整、内容修改或删除。

第二部分，案例评析。以案例分析形式，进一步就矿产资源勘查开采中的法律问题作深入的分析、讲解。该部分涉及民事、行政、刑事，共6个案例。其中，第1和第6案例由安岳军设计案情并编写了评析内容；第2至第5案例由王建昆设计案情并编写了评析内容。

第三部分，矿业权法律文件选编。该部分共选入21篇法律文件，包括矿业权管理涉及的主要法律、行政法规、地方性法规和部、省规范性文件。

本书的内容由董通生统稿。

本书的编写工作得到了矿业界、法律界同仁的支持和帮助。云南省国土资源厅、楚雄州国土资源局、澄江县国土资源局等有关处（科）室为本书提供了参考案例；云南省矿业权交易中心、北京海地人矿业权评估事务所的有关领导和专家也提供了宝贵的意见；云南省国土资源厅李连举副厅长、云南大学法学院陈云东院长为本书写了序，在此一并表示衷心的感谢！

由于我们水平有限，书中难免存有疏漏、错误之处，真诚欢迎广大读者批评指正。

云南省矿业协会《矿业权法律实务》编写组

二〇〇八年九月十六日

图书在版编目（CIP）数据

矿业权法律实务/云南省矿业协会《矿业权法律实务》编写组编著．—昆明：云南大学出版社，2008（2014重印）
ISBN 978－7－81112－652－5

Ⅰ．矿…　Ⅱ．云…　Ⅲ．矿业—所有权—基本知识—中国
Ⅳ．D922．62

中国版本图书馆CIP数据核字（2008）第153496号

矿业权法律实务

云南省矿业协会《矿业权法律实务》编写组　编著

策划编辑：于　学
责任编辑：李兴和　李　平
封面设计：丁群亚
出版发行：云南大学出版社
印　　装：昆明市五华区教育委员会印刷厂
开　　本：850mm×1168mm　1/32
印　　张：8．625
字　　数：214千
版　　次：2008年10月第1版
印　　次：2014年2月第2次印刷
书　　号：ISBN 978－7－81112－652－5
定　　价：35．00元

地　　址：昆明市翠湖北路2号云南大学英华园内（邮编：650091）
发行电话：0871－65033244　65031071
网　　址：www．ynup．com
E－mail：market@ynup．com